# WILLIAM BARCLAY

# COMENTARIO
# AL NUEVO TESTAMENTO
## – Tomo 15 –

## 1, 2, 3 Juan y Judas

# WILLIAM BARCLAY

# COMENTARIO
# AL NUEVO TESTAMENTO
## – Tomo 15 –

## 1, 2, 3 Juan y Judas

editorial clie

Editorial CLIE
Galvani, 113
08224 TERRASSA (Barcelona)

**COMENTARIO AL NUEVO TESTAMENTO**
**Volumen 15 - 1, 2 y 3 Juan , Judas**

Traductor de la obra completa: Alberto Araujo

© por C. William Barclay. Publicado originalmente en 1970
   y actualizado en 1991 por The Saint Andrew Press,
   121 George Streeet, Edimburg, EH 2 4YN, Escocia.
© 1995 por Clie para la versión española.

Depósito Legal: B. 43.122-1998
ISBN 84-7465-749-9  Obra completa
ISBN 84-8267-011-5  Volumen 15

Impreso en los Talleres Gráficos de la M.C.E. Horeb,
E.R. nº 2.910 SE –Polígono Industrial Can Trias,
c/Ramón Llull, 20– 08232 VILADECAVALLS (Barcelona)

*Printed in Spain*


Clasifíquese: 0278 COMENT. COMPLETOS N.T.–Epístolas de Juan
            C.T.C. 01-02-0278-03
**Referencia: 22.38.61**

# PRESENTACIÓN

Nos encontramos en las cartas que se estudian en este volumen —salvo tal vez la *Primera de Juan*— en un terreno nebuloso y desconocido para muchos serios lectores del Nuevo Testamento. Supongo que algunos de vosotros os veríais en apuros si se os preguntara en qué circunstancias y con qué propósito se escribieron. Como en los otros volúmenes, William Barclay nos descubre, en primer lugar, los problemas que nos presentan —de muchos de los cuales ni nos habíamos dado cuenta, pero ya es hora de que nos los planteemos—, para luego ofrecernos concisa y claramente las soluciones que se han sugerido en épocas y por personas distintas, entre las cuales suele aparecer la suya propia.

Tampoco deja de sorprendernos en su comentario de *Primera de Juan,* sin duda una de las cartas del Nuevo Testamento más queridas, leídas y citadas. Tal vez algunos tengáis que confesar conmigo que, aunque nos sabíamos de memoria algunos de sus versículos desde nuestra niñez espiritual, no nos habíamos dado cuenta de su profundidad, amplitud y madurez, tal creyendo que la entendíamos por la misma sencillez de su lenguaje. William Barclay nos presenta con su característica sencillez magistral los grandes temas fundamentales que se enuncian en *Primera de Juan,* ayudándonos a profundizar en ellos en nuestro estudio bíblico: la naturaleza de Dios, Luz y Amor; la Persona y la Obra de Cristo, el Que era desde el principio, el Hijo de Dios, el verdadero y perfecto Hombre, el Sacrificio expiatorio, el Dador de la Vida, el Salvador de mundo, el Abogado ante el Padre; Su Encarnación, Su perfecta humanidad, Su victoria sobre el pecado y la muerte; los temas bíblicos que son característicos de Juan, como la oposición entre la luz y las tinieblas, la verdad y la falsedad, el Cristo y el Anticristo —figura este última que no se menciona por su nombre nada más de en la literatura joanina—, el mundo y la Iglesia.

Con su maestría habitual nos presenta los problemas del tiempo en que se escribieron estas cartas, el peligro de la herejía gnóstica, y los que era normal se presentaran en el crecimiento y desarrollo de la Iglesia. Nos descubre, o reconstruye, en *Segunda* y *Tercera de Juan*, las dificultades que era normal que surgieran entre los ministerios local y ambulante, y entre las autoridades local y remota; llama a escena y nos presenta como personajes vivos e interesantísimos a Gayo, Diótrefes y Demetrio, que tal vez no eran más que nombres impersonales para algunos de nosotros. Y, como ya nos tiene acostumbrados, William Barclay nos presenta las lecciones del pasado, no como curiosidades arqueológicas, sino en su innegable relevancia para nuestro tiempo y circunstancias.

Pero tal vez es en su presentación de Judas y de su carta donde más nos descubre y nos sorprende y nos edifica —¡y nos desafía!— con su permanente actualidad. Tal vez habíamos seguido con esta carta la táctica más fácil: dejarla *arrumbada* y no pretender entenderla. William Barclay nos descubre su curso subterráneo, nos revela las objeciones que siempre se le han hecho, nos presenta a su autor y a sus destinatarios, lo que leían y creían y esperaban. Para algunos de nosotros será un verdadero descubrimiento lo que William Barclay nos dice acerca de la literatura judía intertestamentaria, y de su influencia en las ideas que se tenían acerca del Mesías y del Día del Señor, del mundo y del más allá. Sin la ayuda de los que hayan buceado en esa literatura, entre ellos William Barclay, es imposible entender muchas de las referencias del Nuevo Testamento, y corremos peligro de malentender algunas de sus enseñanzas. ¡Arriésgate a descubrir cosas nuevas y cosas viejas otra vez con William Barclay!

*Alberto Araujo*

# ÍNDICE

## 1 JUAN

## 2 JUAN

## 3 JUAN

## JUDAS

# LAS CARTAS DE JUAN

# INTRODUCCIÓN A LA
# PRIMERA CARTA DE JUAN

## UNA CARTA PERSONAL Y SU TRASFONDO

*Primera de Juan* se llama una carta, aunque no tiene nombre de destinatarios ni acaba con saludos como las cartas de Pablo. Y hasta nuestros días nadie puede leerla sin percibir su carácter intensamente personal. No cabe la menor duda que el que la escribió tenía presente una situación concreta y a un grupo definido de personas. Tanto la forma como el carácter personal de *Primera de Juan* se explican si la consideramos como lo que ha llamado alguien «un sermón cariñoso y preocupado» escrito por un pastor que amaba a su pueblo y enviado a las iglesias que tenía a su cargo.

Una carta de estas características se escribe en relación con una situación puntual fuera de la cual no se puede entender totalmente. Entonces, si queremos entender *Primera de Juan,* tenemos antes que tratar de reconstruir la situación en que se produjo, recordando que se escribió en Éfeso algo después del año 100 d.C.

## LA DESERCIÓN

Hacia el año 100 d.C. habían ocurrido ciertas cosas en la Iglesia, sobre todo en una ciudad como Éfeso.

(i) Muchos de los miembros de la Iglesia eran ya cristianos de la segunda o la tercera generación. La ilusión de los primeros días había pasado, por lo menos hasta cierto punto. Wordsworth dijo de uno de los grandes momentos de la historia moderna:

*Fue una bendición estar vivo en aquella aurora.*

En los primeros días del Cristianismo había gloria y esplendor; pero hacia el año 100 d.C. el Cristianismo se había convertido en una costumbre «tradicional, medio sincera, nominal.» Los cristianos se habían acostumbrado al Evangelio, y algo de su maravilla se había perdido. Jesús conocía a las personas, y había dicho: «El amor de muchos se enfriará» *(Mateo 24:12)*. Juan estaba escribiendo en un tiempo cuando, por lo menos para algunos, la primera emoción había pasado, y el pábilo de la devoción humeaba pero no iluminaba.

(ii) Una de las consecuencias era que había miembros de la iglesia que encontraban los estándares que exigía el Cristianismo pesados y fatigosos. No querían ser *santos* en el sentido del Nuevo Testamento. En el Nuevo Testamento la palabra para *santo* es *haguios,* que se traduce corrientemente por *santo,* pero su verdadero sentido es *diferente.* El Templo era *haguios* porque era *diferente* de los otros edificios; el Sábado era *haguios* porque era *diferente* de los demás días; el pueblo judío era *haguios* porque era *diferente* de los otros pueblos, y el cristiano es *haguios* porque es llamado a ser *diferente* de las demás personas. Siempre hubo una separación indudable entre el cristiano y el mundo. En el Cuarto Evangelio Jesús nos dice: «Si fuerais del mundo, el mundo amaría lo suyo; pero porque no sois del mundo, sino que Yo os elegí separándoos del mundo, por eso os aborrece el mundo» *(Juan 15:19)*. «Yo les he dado Tu Palabra, y el mundo les ha tomado odio porque no son del mundo, como tampoco Yo soy del mundo» *(Juan 17:14)*.

Todo esto conllevaba una demanda ética. Demandaba un nuevo estándar de pureza moral, una nueva amabilidad, un nuevo servicio, un nuevo perdón —y era difícil. Y una vez que

pasaron la primera ilusión y el primer entusiasmo, se fue
haciendo cada vez más difícil estar fuera del mundo y negarse
a aceptar los estándares y prácticas en curso.

(iii) Se ha de notar que *Primera de Juan* no nos da ninguna
indicación de que la iglesia a la que se dirigió fuera perseguida.
El peligro, como ha dicho alguien, no era la persecución, sino
la seducción; venía de dentro. También eso lo había previsto
Jesús: «Surgirán muchos falsos profetas —dijo Jesús— y
descarriarán a muchos» *(Mateo 24:11)*. Este era el peligro del
que Pablo había advertido a los líderes de la iglesia de Éfeso
cuando les dirigió sus palabras de despedida: «Yo sé —les
dijo— que después de mi marcha se introducirán entre vosotros
lobos rapaces que no tendrán compasión del rebaño; y de entre
vosotros mismos surgirán hombres que hablarán cosas perversas para llevarse tras sí a los discípulos» *(Hechos 20:29s)*.

El problema que trata de combatir *Primera de Juan* no vino
de nadie que estuvieran fuera y que quisieran destruir la fe
cristiana, sino de hombres que pretendían mejorarla. Venía de
hombres cuya finalidad era hacer el Cristianismo intelectualmente respetable. Conocían las tendencias intelectuales
prevalentes en su día, y creían que había llegado el momento
de que el Cristianismo llegara a un acuerdo con la filosofía
secular y con el pensamiento contemporáneo.

## LA FILOSOFÍA CONTEMPORÁNEA

¿Cuáles eran la filosofía y el pensamiento contemporáneos
con los que los falsos profetas y los maestros equivocados
querían armonizar la fe cristiana? Por todo el mundo griego
había una tendencia de pensamiento a la que se ha dado el
nombre general de gnosticismo. La idea básica de todo el
pensamiento gnóstico era que sólo es bueno el espíritu, y la
materia es esencialmente mala. Los gnósticos, por tanto, despreciaban olímpicamente el mundo, puesto que era materia. Y
particularmente despreciaban el cuerpo, que, por ser material,

era esencialmente malo. El espíritu del hombre estaba prisionero en este cuerpo. El espíritu era una simiente de Dios, que era totalmente buena. Así que la finalidad de la vida debía ser liberar esta semilla celestial prisionera en el cuerpo malo. Esto no se podía hacer más que por medio de un conocimiento secreto y un ritual elaborado que solamente los verdaderos gnósticos podían comunicar. Aquí había una tendencia de pensamiento que estaba enraizada inextricablemente en el pensamiento griego —y que no ha dejado nunca de existir. Su base es la convicción de que toda materia es mala, y sólo el espíritu es bueno; y que el único propósito de la vida es liberar el noble espíritu del hombre del vil cuerpo en que está prisionero.

## LOS FALSOS MAESTROS

Teniendo lo dicho en mente, pasemos a *Primera de Juan* para recoger la evidencia en cuanto a quiénes eran y qué enseñaban estos falsos maestros. Habían estado dentro de la Iglesia, pero se habían separado de ella. «Salieron de nosotros, pero no eran de los nuestros» *(1 Juan 2:19).* Eran personas influyentes, porque pretendían ser profetas: «Muchos falsos profetas han salido por el mundo» *(1 Juan 4:1).* Aunque habían salido de la Iglesia, todavía trataban de diseminar sus enseñanzas dentro de ella y de desviar a sus miembros de la verdadera fe *(1 Juan 2:26).*

## LA NEGACIÓN DEL MESIAZGO DE JESÚS

Por lo menos algunos de estos falsos maestros negaban que Jesús fuera el Mesías: «¿Quién es el mentiroso más que el que niega que Jesús es el Cristo?» *(1 Juan 2:22).* Es muy probable que estos falsos profetas no fueran gnósticos puros, sino judíos. Siempre habían tenido las cosas difíciles los judíos cristianos; pero los últimos sucesos históricos se las hacían doblemente difíciles. Le era muy difícil a un judíos llegar a creer en un Mesías crucificado, Pero, suponiendo que hubiera empezado a creer, sus dificultades nos habían terminado ni mucho menos. Los cristianos creían que Jesús volvería pronto para vindicar a Su pueblo. Está claro que eso sería una esperanza especialmente preciosa para los corazones de los judíos. Y entonces, en el año 70 d.C., Jerusalén fue capturada por los romanos, que estaban tan enfurecidos con la prolongada intransigencia y resistencia suicida de los judíos que arrasaron la Santa Ciudad hasta el punto de hacer pasar un arado por toda ella. En vista de eso, ¿cómo podía un judío aceptar fácilmente la esperanza de que Jesús vendría para salvar a Su pueblo? La Ciudad Santa estaba desolada; los judíos estaban exiliados por todo el mundo. A la vista de todo eso, ¿cómo podría ser verdad que hubiera venido el Mesías?

## LA NEGACIÓN DE LA ENCARNACIÓN

Había otra cosa que era todavía más seria. Había una enseñanza falsa que procedía directamente de un intento surgido en el interior de la Iglesia de poner el Cristianismo en armonía con el gnosticismo. Debemos recordar el punto de vista gnóstico de que sólo el espíritu era bueno, y la materia era completamente mala. *Dado ese punto de vista, cualquier encarnación real era imposible.* Eso fue exactamente lo que Agustín indicó siglos después. Antes de hacerse cristiano, era instruido en las filosofías de diversas escuelas. En sus *Confesiones* (6:9) nos dice que en algún lugar de los escritores paganos había leído en una u otra forma casi todas las ideas del Cristianismo; pero había un gran dicho cristiano que nunca encontró, ni encontraría nadie nunca, en ningún escritor pagano: «La Palabra Se hizo carne, y habitó entre nosotros» *(Juan 1:14).* Como los pensadores paganos creían en la esencial maldad de la materia, y por tanto, del cuerpo, eso era algo que no dirían nunca.

Está claro que los falsos maestros contra los que Juan escribió esta primera carta negaban la realidad de la Encarnación y del cuerpo físico de Jesús. «Todo espíritu —escribe Juan— que confiese que Jesucristo ha venido en carne, es de Dios; y todo espíritu que no confiese a Jesús, no es de Dios» (*1 Juan 4:2s;* R-V sigue otro texto ligeramente diferente).

En la Iglesia Primitiva esta repulsa a admitir la realidad de la Encarnación tomaba, hablando en general, dos formas.

(i) En su forma más radical y total se llamaba *docetismo,* que Goodspeed sugería que se podría traducir por *Seemism* —en inglés, que en español sería *parecismo.* El verbo griego *dokein* quiere decir *parecer;* y los docetistas enseñaban que Jesús solamente *parecía* tener un cuerpo. Insistían en que era un Ser puramente espiritual Que no tenía sino la apariencia de un cuerpo. Uno de los libros apócrifos que se escribieron desde este punto de vista es *Los Hechos de Juan,* que data de alrededor del año 160 d.C. En él se presenta a Juan diciendo que algunas veces, cuando tocaba a Jesús, le parecía un cuerpo material; pero otras, «la sustancia era inmaterial, como si no existiera en absoluto;» y también que cuando Jesús andaba nunca dejaba huellas en el suelo. La forma más simple del docetismo era la total negación de que Jesús tuviera nunca un cuerpo físico.

(ii) Había una variante de esta teoría, más sutil y tal vez más peligrosa, conectada con el nombre de Cerinto. Según la tradición, Juan y Cerinto eran enemigos acérrimos. Eusebio (*Historia Eclesiástica 4:14.6*) transmite una historia que nos cuenta que una vez fue Juan a los baños públicos de Éfeso, y cuando vio que estaba allí Cerinto se negó hasta a entrar en el edificio. «¡Huyamos —exclamó—, no sea que se hundan los baños, porque Cerinto, el enemigo de la verdad, está dentro!» Cerinto trazaba una distinción definida entre el Jesús humano y el Cristo divino. Decía que Jesús era un hombre nacido de la manera natural. Vivió en especial obediencia a Dios, y en Su bautismo descendió sobre Él el Cristo en la forma de una paloma de aquel Poder que es sobre todo poder, y entonces trajo a la humanidad la Noticia del Padre que era hasta entonces desconocida. Cerinto no se detenía allí. Decía que, al final de la vida de Jesús, el Cristo se retiró de nuevo de Él, así es que el Cristo nunca sufrió. Fue el Jesús humano el que sufrió, murió y resucitó. Esto sale de nuevo en las historias de los evangelios apócrifos, escritos bajo la influencia de este punto de vista. En el *Evangelio de Pedro,* escrito alrededor del año 130 d.C., se dice que Jesús no daba señales de tener ningún dolor en la Cruz, y que Su grito fue: «¡Mi Poder, Mi Poder!, ¿Por qué Me has abandonado?» Fue en ese momento cuando el Cristo divino dejó al Jesús humano. *Los Hechos de Juan* llegan más lejos. Dicen que, cuando estaban crucificando al Jesús humano en el Calvario, Juan estaba hablando con el Cristo divino en una cueva en la ladera del monte, y que el Cristo le dijo: «Juan, para la multitud allá abajo en Jerusalén me están crucificando y atravesando con cañas y con lanzas, y me dan vinagre y hiel a beber. Pero estoy hablando contigo, y préstame atención a lo que te digo: Nada, por tanto, de las cosas que dirán de mí las he sufrido» *(Hechos de Juan 97).*

Se puede ver hasta qué punto se había extendido esta manera de pensar en las cartas de Ignacio de Antioquía. Las escribió a un grupo de iglesias de Asia Menor que deben de haber sido las mismas a las que iba dirigida *Primera de Juan.* Ignacio las escribió cuando le llevaban preso a Roma para sufrir el martirio despedazado por las fieras en el circo. Escribió a los tralianos: «Sed sordos, por tanto, cuando alguien os hable de fuera de Jesucristo, Que fue de la familia de David y de María, Que nació de veras, comió y bebió, fue realmente perseguido bajo Poncio Pilato, fue crucificado realmente y murió... Que también resucitó realmente de los muertos... Pero si, como algunos afirman que no son de Dios —es decir, que son incrédulos—, Su sufrimiento fue sólo en apariencia... ¿por qué estoy yo preso?» (Ignacio, *A los Tralianos, 9 y 10).* A los cristianos de Esmirna escribió: «Porque Él sufrió todas estas cosas por nosotros para que alcanzáramos la salvación, y Él murió realmente de la misma manera que también verdaderamente resucitó, no como dicen algunos incrédulos que dicen que Su pasión fue una mera semejanza» *(A los Esmirniotas, 2)*. Y Policarpo, escribiendo a los filipenses, usó las mismas palabras de Juan: «Porque cualquiera que no confiese que Jesucristo ha venido en la carne es un anticristo» *(A los Filipenses, 7:1)*.

Esta enseñanza de Cerinto también se opone en *Primera de Juan*. Juan escribe de Jesús: «Este es el Que vino mediante agua y sangre, Jesucristo; *no con el agua solamente, sino con el agua y la sangre»* (1 Juan 5:6). La razón de este versículo es que los maestros gnósticos habrían estado de acuerdo en que el Cristo divino vino por *agua,* es decir, en el bautismo de Jesús, pero habrían negado que viniera por *sangre,* es decir, por la Cruz; porque ellos insistían en que el Cristo divino dejó al Jesús humano antes de Su crucifixión.

El gran peligro de esta herejía es que viene de lo que no se puede llamar más que una veneración equivocada. Tiene miedo de atribuirle a Jesús una humanidad plena. Considera irreverente pensar que Él tuviera un cuerpo físico. Es una herejía que no ha muerto del todo, y que se sigue encontrando hasta este día, por lo general inconscientemente, entre no pocos devotos cristianos. Pero hay que recordar, como Juan vio tan claramente, que nuestra salvación depende de la plena identificación de Jesucristo con nosotros. Como uno de los grandes primeros padres expresó de manera inolvidable: «Se hizo lo que nosotros somos para hacernos lo que Él es.»

(iii) Esta creencia gnóstica tenía ciertas consecuencias prácticas en las vidas de los que la sustentaban.

(*a*) La actitud gnóstica hacia la materia y hacia todas las cosas creadas producía una cierta actitud hacia el cuerpo y las cosas del cuerpo. Esa actitud podía tomar tres formas diferentes.

(1) Podía tomar la forma de ascetismo, con ayuno y celibato y rígido control, y aun maltrato deliberado del cuerpo. El punto de vista de que el celibato es mejor que el matrimonio y que el sexo es pecaminoso se remonta a la influencia y fe gnóstica —y este es un punto de vista que todavía se mantiene

en ciertos lugares. No se hace la menor referencia a ese punto de vista en esta carta.

(2) Podía tomar la forma de que el cuerpo no importaba, y que, por tanto, sus apetitos se podían gratificar sin límite. Puesto que el cuerpo era malo de todas maneras, era indiferente lo que se hiciera con él. Hay ecos de esto en *Primera de Juan.* Juan condena como mentiroso al que diga que conoce a Dios, y sin embargo no guarde Sus mandamientos; la persona que dice que permanece en Cristo debe andar como Cristo anduvo *(1 Juan 1:6; 2:4-6).* Había sin duda gnósticos en estas comunidades que pretendían tener un conocimiento especial de Dios, pero cuya conducta estaba muy lejos de las demandas de la ética cristiana.

En algunos lugares esta actitud gnóstica llegaba aún más lejos. Los gnósticos eran personas que tenían *gnôsis, conocimiento.* Algunos sostenían que el verdadero gnóstico debía por tanto conocer el bien lo mismo que el mal, y debía entrar en todas las experiencias de la vida, tanto las más elevadas como las más degradadas. Casi se podría decir que tales personas mantenían que era una obligación el pecar. Hay una referencia a esta clase de actitud en la carta a Tiatira en el *Apocalipsis,* donde el Cristo resucitado Se refiere a los que han conocido «las profundidades de Satanás» *(Apocalipsis 2:24).* Y bien puede ser que Juan se esté refiriendo a estas personas cuando insiste en que «Dios es luz, y no hay ningunas tinieblas en Él» *(1 Juan 1:5).* Estos gnósticos concretos habrían mantenido que en Dios había, no sólo una luz deslumbrante, sino también profundas tinieblas —y que uno había de penetrar ambas cosas. Es fácil ver las desastrosas consecuencias de tal actitud.

(3) Había una tercera clase de fe gnóstica. El verdadero gnóstico se consideraba a sí mismo como un hombre completamente espiritual, que se había despojado de todas las cosas materiales de la vida y había liberado su espíritu de la esclavitud de la materia. Tales gnósticos sostenían que eran tan espirituales que estaban por encima y más allá del pecado, y que habían alcanzado la perfección espiritual. Es a ellos a los que se refiere

Juan cuando habla de los que se engañan a sí mismos diciendo que no tienen pecado *(1 Juan 1:8-10).*

Cualquiera que fuera de estas tres formas la que tomara la fe gnóstica, sus consecuencias eran peligrosas en extremo; y está claro que las dos últimas se encontraban en las iglesias a las que Juan escribió.

(*b*) Además, este gnosticismo desembocaba en una actitud hacia las personas que producía la destrucción de la comunión cristiana. Ya hemos visto que los gnósticos aspiraban a la liberación del espíritu de la prisión del cuerpo malo mediante un conocimiento elaborado y esotérico. Está claro que tal conocimiento no era para todo el mundo. La gente ordinaria estaba demasiado involucrada en la vida diaria y el trabajo del mundo para tener tiempo para la disciplina y el estudio necesarios; y, aunque hubieran tenido tiempo, muchos eran intelectualmente incapaces de captar las especulaciones implicadas en la llamada teosofía y filosofía gnóstica.

Esto producía un resultado inevitable. Dividía a las personas en dos clases: los que eran capaces de una vida realmente espiritual, y lo que no. Los gnósticos daban nombre a estas dos clases de personas. Los antiguos dividían generalmente el ser del hombre en tres partes. Estaba el *sôma,* el *cuerpo,* la parte física de la persona. Estaba la *psyjê,* que solemos traducir por *alma,* pero debemos tener cuidado, porque no quiere decir lo que solemos entender por el alma. Para los griegos la *psyjê* era el principio de la vida física. Todo lo que tiene vida física tiene *psyjê. Psyjê* era ese principio vital que el ser humano tiene en común con todos los seres vivos. Estaba el *pneuma,* el *espíritu,* y era el espíritu la parte que sólo el ser humano poseía, y que le hacía semejante a Dios.

La finalidad del gnosticismo era liberar el *pneuma* del *sôma;* pero esa liberación no se podía alcanzar nada más que tras un largo y arduo estudio que solamente podían emprender los intelectuales ociosos. Los gnósticos por tanto dividían a las personas en dos categorías: los *psyjikoi,* que no podían nunca sobrepasar el principio de la vida física ni alcanzar ninguna otra cosa que lo que para todos los sentidos y propósitos era la vida animal. Y los *pneumatikoi,* que eran los verdaderamente espirituales y verdaderamente semejantes a Dios.

El resultado estaba claro: los gnósticos producían una aristocracia espiritual que miraba por encima del hombro y aun aborrecía a los hombres inferiores. Los *pneumatikoi* consideraban a los *psyjikoi* como despreciables criaturas terrenales que no podrían nunca saber lo que era la verdadera religión. La consecuencia era obviamente la aniquilación de la comunión cristiana. Por eso Juan insiste en toda su carta en que la verdadera prueba del Cristianismo es el amor a los hermanos. Si andamos de veras en la luz, tenemos comunión entre nosotros (1:7). El que dice que está en la luz y aborrece a su hermano, está de hecho en las tinieblas (2:9-11). La prueba de que hemos pasado de las tinieblas a la luz es que amamos a los hermanos 3:14-17). Las marcas del Cristianismo son la fe en Cristo y el amor a los hermanos (3:23). Dios es amor, y el que no ama no conoce a Dios en absoluto (4:7s). Porque Dios nos ha amado, nosotros debemos amarnos unos a otros; es cuando nos amamos unos a otros cuando Dios mora en nosotros (4:10-12). El mandamiento es que el que ame a Dios debe también amar a su hermano, y el que diga que ama a Dios aborreciendo al mismo tiempo a su hermano es un mentiroso (4:20s). Los gnósticos, para decirlo bien a las claras, habrían dicho que la cualidad distintiva de la verdadera religión es el desprecio a la gente ordinaria. Juan insiste en todos los capítulos en que la cualidad distintiva de la verdadera religión es el amor a todos.

Aquí, pues, tenemos una descripción de estos herejes gnósticos. Hablaban de ser nacidos de Dios, de andar en la luz, de no tener pecado, de morar en Dios y de conocer a Dios. Estos eran sus lemas. No se proponían destruir la Iglesia y la fe; lo que pretendían era limpiar la Iglesia de la escoria y convertir el Cristianismo en una filosofía intelectualmente respetable, apta para mantenerse al lado de los grandes sistemas del día. Pero la consecuencia de esta enseñanza era negar la Encarnación, eliminar la ética cristiana y hacer imposible la comunión dentro de la Iglesia. No debe sorprendernos que Juan, con una devoción pastoral tan ferviente, tratara de defender de un ataque tan insidioso que les venía a las iglesias que amaba desde dentro de ellas. Esta era una amenaza mucho más peligrosa que cualquier persecución pagana; lo que estaba en peligro era la misma existencia de la fe cristiana.

## EL MENSAJE DE JUAN

*Primera de Juan* es una carta breve, y no debemos buscar en ella una exposición sistemática de la fe cristiana. Sin embargo, será del mayor interés para nosotros el examinar las creencias básicas subyacentes con las que Juan confronta a aquellos que amenazaban con dar al traste con la fe cristiana.

## EL PROPÓSITO DE LA CARTA

El propósito de Juan al escribir esta carta era doble, y sin embargo uno solo. Escribe para que el gozo de su pueblo sea completo (1:4), y para que no caigan en pecado (2:1). Ve claramente que por muy atractivo que sea el camino falso, no conduce a la felicidad. Producirles gozo y preservarlos del pecado es una y la misma cosa.

## LA IDEA DE DIOS

Juan tiene dos grandes cosas que decir acerca de Dios. Dios es luz, y en Él no caben las tinieblas (1:5). Dios es amor, y eso Le movió a amarnos antes de que nosotros Le amáramos a Él, y a enviar a Su Hijo como el remedio para nuestros pecados (4:7-10, 16). Juan está convencido de que Dios Se revela a Sí mismo y Se da a Sí mismo. Dios es luz y no tinieblas; es amor y no odio.

## LA IDEA DE JESÚS

Como el ataque principal de los falsos maestros era a la Persona de Cristo, esta carta, que se propone contestarles, es especialmente rica y de ayuda por lo que tiene que decir acerca de Él.

(i) Jesús es el Que era desde el principio (1:1; 2:14). Cuando una persona se encuentra cara a cara con Jesús, está ante lo eterno.

(ii) Otra manera de expresarlo sería decir que Jesús es el Hijo de Dios, y para Juan era esencial estar convencido de eso (4:15; 5:5). La relación de Jesús con Dios es única, y en Él se ve el corazón siempre buscador y siempre perdonador de Dios.

(iii) Jesús es el Cristo, el Mesías (2:22; 5:1). De nuevo encontramos que esto era para Juan un artículo esencial de la fe. Puede que parezca que aquí entramos en un mundo de ideas que es mucho más estrecho, y de hecho específicamente judío; pero aquí nos encontramos con algo esencial. Decir que Jesús es desde el principio y que es el Hijo de Dios es mantener Su conexión con *la eternidad*. Decir que Él es el Mesías es mantener Su relación con *la Historia*. Es ver Su venida como el acontecimiento hacia el cual se iba moviendo el plan de Dios, y desarrollándose en Su pueblo escogido.

(iv) Jesús era verdadera y totalmente hombre. El negar que Jesús viniera en la carne era estar bajo la influencia del espíritu del anticristo (4:2s). El testimonio de Juan es que Jesús era tan verdaderamente humano que él mismo Le había conocido y tocado y experimentado (1:1,3). Ningún escritor del Nuevo Testamento subraya con más intensidad la plena realidad de la Encarnación. No solamente el Hijo de Dios se hizo hombre, sino que sufrió por los hombres. Vino por agua y por sangre (5:6) y ofreció Su vida por los hombres (3:16).

(v) La venida de Jesús, Su Encarnación, Su vida, Su muerte, Su Resurrección y Su Ascensión se combinan todas para tratar el pecado humano. Jesús era sin pecado (3:5); y el hombre es esencialmente pecador, aunque en su arrogancia pretenda ser sin pecado (1:8-10); y sin embargo el Único sin pecado vino a desplazar de los pecadores el pecado (3:5). En relación con el pecado humano Jesús es dos cosas.

(*a*) Es nuestro *Abogado* con el Padre (2:1). La palabra que se usa es *paráklêtos*. Un *paráklêtos* es alguien que es llamado para ayudar. La palabra se podía aplicar a un médico; se usaba a menudo de un testigo convocado para dar evidencia a favor de alguien en un juicio, o de un abogado convocado para defender a alguien bajo acusación. Jesús aboga nuestra causa con Dios; Él, el Único sin pecado, es el Defensor de los pecadores.

(*b*) Pero Jesús es más que eso. Juan Le llama dos veces *expiación* por nuestros pecados (2:2; 4:10). Cuando uno peca, la relación que debería existir entre él y Dios se rompe. Un sacrificio expiatorio es el que restaura esa relación; o, más bien, un sacrificio en virtud del cual se restaura esa relación. Es un sacrificio *reconciliador,* un sacrificio que vuelve a hacer que el hombre y Dios *se aúnen.* Así pues, por medio de lo que Jesús era e hizo, la relación entre Dios y el hombre, rota por el pecado, es restaurada. Jesús no solamente defiende la causa del pecador; le coloca en estrecha relación filial con Dios. La sangre de Jesucristo nos limpia de todo pecado (1:7).

(vi) En consecuencia de todo esto, por medio de Jesucristo los creyentes tienen vida (4:9; 5:11s). Esto es verdad en un doble sentido. Tienen la vida en el sentido de que son librados de la muerte; y tienen la vida porque para ellos el vivir ya no es un mero existir, sino que se ha convertido en la verdadera vida.

(vii) Todo esto se puede resumir diciendo que Jesús es el Salvador del mundo (4:14). Aquí tenemos algo que tiene que presentarse plenamente en su totalidad. «El Padre envió al Hijo para que fuera el Salvador del mundo» (4:14). Ya hemos dicho que Jesús aboga la causa de la humanidad delante de Dios. Si dejáramos así la cosa, se podría pensar que Dios quería condenar a la humanidad, y cambió de intención a causa del sacrificio personal de Jesucristo. Pero esa no es la verdad, porque para Juan, como para todos los autores del Nuevo Testamento, la iniciativa y el proyecto fueron cosa de Dios. Fue Él el Que dio a Su Hijo para que fuera el Salvador de la humanidad.

En el breve espacio de esta carta se nos presenta en toda su plenitud la maravilla y la gloria y la gracia de Cristo.

## EL ESPÍRITU

En esta carta Juan tiene menos que decir acerca del Espíritu; para su enseñanza más completa acerca de Él debemos volver al Cuarto Evangelio. Se podría decir que en *Primera de Juan* la función de Espíritu es la de ser de alguna manera el enlace entre Dios y el hombre. Es el Espíritu el Que nos hace conscientes de la presencia permanente de Dios en nosotros por medio de Jesucristo (3:24; 4:13). Se podría decir que es el Espíritu el Que nos capacita para aceptar la preciosa comunión con Dios que se nos ofrece.

## EL MUNDO

El mundo en el que vive el cristiano es hostil; es un mundo sin Dios. No conoce a los cristianos, porque tampoco conoció a Cristo (3:1). Aborrece a los cristianos de la misma manera que aborreció a Cristo (3:13). Los falsos maestros son del mundo y no de Dios, y como hablan el lenguaje del mundo, el mundo está dispuesto a escucharlos y aceptarlos (4:4s). Todo el mundo, dice Juan abierta y comprehensivamente, está en poder del maligno (5:19). Esa es la razón por la que el cristiano ha vencido al mundo, y su arma en esta lucha con el mundo es la fe (5:4).

El mundo hostil está condenado. El mundo y todos sus deseos son pasajeros (2:17). Por esta razón, está claro que es una necedad darle nuestro corazón al mundo. El mundo lleva camino de desintegrarse. Aunque el cristiano vive en un mundo hostil que está en vías de desaparecer, no hay por qué desesperar o temer. Las tinieblas han pasado, y ya alumbra la verdadera luz (2:8). Dios Se ha introducido en el mundo en la Persona de Cristo; la nueva edad ya ha comenzado. No ha alcanzado todavía su plenitud, pero su consumación es segura.

El cristiano vive en un mundo malo y hostil, pero posee algo con lo que puede vencer al mundo; y, cuando llegue el fin inevitable del mundo, el cristiano estará a salvo, porque ya posee lo que le hace miembro de la nueva comunidad en la nueva edad.

## LA COMUNIÓN DE LA IGLESIA

Juan no se limita a moverse por las altas esferas de la teología; tiene algunas cosas inmensamente prácticas que decir acerca de la Iglesia Cristiana y de la vida cristiana. Ningún otro autor del Nuevo Testamento subraya tan insistente y enfáticamente la necesidad de la comunión cristiana. Juan estaba convencido de que los cristianos no están vinculados solamente con Dios, sino también entre sí. Cuando andamos en la luz, tenemos comunión unos con otros (1:7). El que pretenda andar en la luz pero aborrezca a su hermano, en realidad está andando en las tinieblas; es el que de veras ama a su hermano el que está realmente en la luz (2:9-11). La prueba de que una persona ha pasado de las tinieblas a la luz es el hecho de que ama a sus hermanos. El odiar a un hermano es en esencia ser un asesino, como lo fue Caín. Si uno tiene recursos propios para ayudar a su hermano en su pobreza, y no lo hace, es ridículo que pretenda tener el amor de Dios. La esencia de la religión es creer en el nombre del Señor Jesucristo, y amarnos unos a otros (3:11-17, 23). Dios es amor; y, por tanto, el que ama participa de la naturaleza de Dios. Dios nos ama, y esa es la mejor razón para amarnos unos a otros (4:7-12). Si uno dice que ama a Dios, y al mismo tiempo aborrece a su hermano, es un mentiroso. El mandamiento es que el que ame a Dios debe amar también a su hermano (4:20s).

Juan estaba convencido de que la única manera en que podemos demostrar que amamos a Dios es amando a nuestros hermanos; y que ese amor no debe ser meramente una emoción sensiblera, sino una dinámica que nos mueva a la ayuda práctica.

## LA INTEGRIDAD DEL CRISTIANO

No hay otro escritor del Nuevo Testamento que haga una llamada ética tan insistente como Juan, ni que condene más enérgicamente una supuesta religión que no desemboque en la acción ética. Dios es justo, y la vida de todos los que Le conozcan debe reflejar Su justicia (2:29). El que permanezca en Cristo y sea nacido de Dios, no peca; el que no obra como es debido no es de Dios (3:3-10); y la característica de esta justicia es que se manifiesta en el amor a los hermanos (3:10s). Mostramos que amamos a Dios y a nuestros semejantes cuando guardamos los mandamientos de Dios (5:2). Quienquiera que sea nacido de Dios, no peca (5:18).

Para Juan, el conocimiento de Dios y la obediencia a Sus mandamientos deben ir siempre de la mano. Es guardando Sus mandamientos como probamos que conocemos de veras a Dios. El que diga que Le conoce y no guarde Sus mandamientos, es un mentiroso (2:3-5).

De hecho esta obediencia es la base de la oración efectiva. Recibimos lo que Le pedimos a Dios porque guardamos Sus mandamientos y hacemos lo que a Él Le agrada (3:22).

Los dos distintivos que caracterizan el verdadero Cristianismo son el amor a los hermanos y la obediencia a los mandamientos revelados de Dios.

## LOS DESTINATARIOS DE LA CARTA

Hay algunos problemas alucinantes en relación con los destinatarios de la carta. La carta misma no nos da ninguna clave en cuanto a dónde iba dirigida. La tradición la relaciona con Asia Menor, y especialmente con Éfeso, donde según la tradición Juan vivió muchos años. Pero hay algunos otros hechos curiosos que hay que explicar de alguna manera.

Casiodoro dice que la *Primera de Juan* se titulaba *Ad Parthos,* A los Partos; y Agustín tiene una serie de diez tratados sobre la Epístola de Juan *ad Parthos.* Un manuscrito de Ginebra complica la cosa todavía más titulando la carta *Ad Sparthos.* No existe que se sepa la palabra *Sparthos.* Hay dos posibles explicaciones de este título improbable. (i) Es remotamente posible que quiera decir *Ad Sparsos,* que querría decir *A los cristianos diseminados;* y (ii), en griego *Ad Parthos* sería *Pros Parthus.* Ahora bien, en los primeros manuscritos no había ningún espacio entre las palabras, y estaba todo escrito en letras mayúsculas; así que el título podría haber sido *PROSPARTHUS.* Un amanuense que estuviera escribiendo al dictado podría muy fácilmente ponerlo como *PROS-SPARTHUS,* especialmente si no sabía lo que quería decir el título. *Ad Sparthos* se puede eliminar como una mera errata.

Pero, ¿de dónde salió eso de *A los partos?* Hay una posible explicación. *Segunda de Juan* nos dice adónde iba destinada: se le escribió a *La señora elegida y sus hijos (2 Juan 1).* Veamos el final de *Primera de Pedro.* La Reina-Valera dice: «La iglesia que está en Babilonia, elegida juntamente con vosotros, y Marcos mi hijo, os saludan» *(1 Pedro 5:13).* La palabra *iglesia* se ponía en cursiva en las revisiones anteriores a 1960 para indicar que no está en el original. Alguna otra traducción pone «La que está en Babilonia, que es igualmente elegida, os envía saludos.» Por lo que se refiere al original sería perfectamente posible y hasta natural el tomar esto como una referencia, no a una *iglesia,* sino a una *señora.* Eso precisamente fue lo que hicieron algunos de los investigadores de la Iglesia Primitiva. Ahora aparece *la señora elegida* otra vez en *Segunda de Juan*. Era fácil identificar las dos señoras elegidas y suponer que *Segunda de Juan* también se escribió a Babilonia. El gentilicio natural de los habitantes de Babilonia era el de *partos,* y aquí tenemos la explicación del curioso título.

El proceso llegó más lejos. *La señora elegida* es en griego *hê eklektê.* Ya hemos visto que los primeros manuscritos estaban escritos en letras mayúsculas; y sería posible tomar *EKLEKTÊ,* no como un adjetivo que significa *elegida,* sino como nombre propio, *Eklekta.* Esto sería, de hecho, lo que habría hecho Clemente de Alejandría; porque tenemos información de que él decía que las cartas joaninas ibas dirigidas a una cierta señora de Babilonia llamada Eklekta y a sus hijos.

Bien puede ser entonces que el título *Ad Parthos* surgiera de una serie de malentendidos. *La elegida* de *Primera de Pedro* es seguramente la iglesia, como traduce correctamente la Reina-Valera. Moffatt tradujo: «Tu iglesia hermana en Babilonia, elegida como vosotros, os saluda.» Además, es casi seguro que en cualquier caso *Babilonia* era el nombre que se daba a *Roma,* que los primeros cristianos identificaban con Babilonia, la gran ramera, borracha de la sangre de los santos (Cp. *Apocalipsis 17:5).* El título *Ad Parthos* tiene una historia muy interesante, pero está claro que surgió de un malentendido.

Hay otra complicación adicional. Clemente de Alejandría se refería a las cartas de Juan como «escritas a vírgenes.» Eso es extraño, porque no hay nada en ellas que lo sugiera. Ahora bien, ¿de dónde salió esa idea? El griego sería *Pros Parthenus,* que se parece mucho a *Pros Parthus;* y resulta que a Juan se le llamaba frecuentemente *Ho Parthenos,* el virgen, porque no se casó nunca y por la pureza de su vida. Este nuevo título debe de haber salido de una confusión entre *Ad Parthos* y *Ho Parthenos.*

Este es un caso en el que podemos considerar que la tradición es correcta, y que todas las teorías ingeniosas están equivocadas. Podemos considerar que estas cartas se escribieron en Éfeso, e iban dirigidas a las iglesias próximas de Asia Menor. Cuando Juan las escribió, sería al distrito en el que se reconocía su autoridad, que eran Éfeso y el territorio circundante. Nunca se le menciona en relación con Babilonia.

## EN DEFENSA DE LA FE

Juan escribió su gran primera carta para salir al paso de una situación amenazadora y en defensa de la fe. Las herejías que atacaba no son meros «ecos de viejas cosas desdichadas y peregrinas, y batallas de mucho tiempo ha;» están todavía bajo la superficie, y algunas veces hasta asoman la cabeza. El estudiar esta carta nos confirmará en la verdadera fe, y nos permitirá tener a mano una defensa contra lo que nos quiera seducir a apartarnos de ella.

# 1 JUAN

## EL PROPÓSITO DEL PASTOR

*1 Juan 1:1-4*

> *Lo que os estamos diciendo es lo que fue desde el principio, lo que oímos, lo que vimos con nuestros propios ojos, lo que observamos y tocamos con nuestras propias manos. Os estamos hablando acerca de la Palabra de Vida. (Y la Vida se nos apareció, y La vimos y testificamos; y os estamos ahora trayendo el Mensaje de esta Vida eterna Que estaba con el Padre y Que Se nos ha presentado). El Mensaje que os traemos es acerca de lo que hemos visto y oído, para que también vosotros tengáis comunión con nosotros; porque nuestra comunión es con el Padre y con Jesucristo, el Hijo. Y os estamos escribiendo estas cosas para que vuestro gozo llegue a su plenitud.*

Cualquier persona, cuando se sienta para escribir una carta o se levanta para predicar un sermón, tiene algún objetivo a la vista, quiere producir algún efecto en las mentes y corazones y vidas de su audiencia. Y aquí, al principio de su carta, Juan especifica sus objetivos al escribir a su pueblo.

(i) Es su deseo producir comunión entre los hombres y comunión con Dios (versículo 3). El propósito del pastor siempre debe ser traer a las personas a una comunión más íntima entre sí, y también con Dios. Cualquier mensaje que produzca división, es un mensaje falso. El mensaje cristiano puede resumirse por sus dos grandes objetivos: el amor al prójimo y el amor a Dios.

(ii) Es su deseo traerle gozo a los suyos (versículo 4). El gozo es la esencia del Cristianismo. Un mensaje cuyo único efecto sea deprimir y desanimar a los que lo oigan se ha quedado a menos de la mitad del camino. Es completamente cierto que a menudo la finalidad del predicador y del maestro debe ser despertar un sano reconocimiento doloroso que conduzca a un verdadero arrepentimiento. Pero después de producir el sentimiento de pecado, hay que conducir a los oyentes al Salvador en Quien se perdonan los pecados. La nota definitiva del mensaje cristiano es el gozo.

(iii) Con ese fin a la vista, su propósito es presentarles a Jesucristo. Un gran maestro solía siempre decirles a sus estudiantes que su único objetivo como predicadores debía ser «decir algo bueno de Jesucristo.» Y se decía de otro gran santo que dondequiera que empezara su conversación, siempre se las arreglaba para dirigirla lo más pronto posible a Jesucristo.

El hecho fundamental es que si las personas han de encontrar comunión unas con otras y con Dios, y si han de encontrar alguna vez el verdadero gozo, deben encontrarlos en Jesucristo.

## EL DERECHO DEL PASTOR A HABLAR

*1 Juan 1:1-4 (continuación)*

Aquí, al principio de su carta, Juan expone su derecho a hablar, que consiste en una cosa: su experiencia personal de Cristo (versículos 2 y 3).

(i) Dice que ha *oído* a Cristo. Mucho tiempo antes Sedequías le había preguntado a Jeremías: «¿Hay alguna palabra de parte del Señor?» *(Jeremías 37:17)*. La gente no tiene interés en oír las opiniones y suposiciones de nadie, sino una palabra de parte del Señor. Se decía de un gran predicador, que primero escuchaba a Dios, y después hablaba a las personas; y se decía de John Brown of Haddington —el antepasado escocés de la querida familia evangélica española Fliedner— que, cuando estaba predicando, hacía una pausa de vez en cuando, como si estuviera escuchando una voz. El verdadero maestro es el que tiene un mensaje de parte de Jesucristo porque ha oído Su voz.

(ii) Dice que ha *visto* a Cristo. Se cuenta del gran predicador escocés Alexander White, que alguien le dijo una vez: «Hoy ha predicado usted como si viniera derecho de la presencia de Dios.» Y White le contestó: «Puede que fuera así.» Nosotros no podemos ver a Cristo en la carne como Le vio Juan, pero seguimos pudiendo verle con los ojos de la fe.

(iii) Dice que ha *observado* a Cristo. ¿Qué diferencia hay entre *ver* a Cristo y *observarle?* En el original griego el verbo para *ver* es *horân,* que quiere decir sencillamente ver con la vista física. El verbo para *observar* es *theasthai,* y quiere decir fijar la mirada en alguien o algo hasta que se capta el significado de esa persona o cosa. Así Jesús, dirigiéndose a las multitudes de Juan el Bautista, les preguntó: «¿Qué fue lo que salisteis *a ver (theasthai)* al desierto?» *(Lucas 7:24);* y en esa palabra describe cómo salían las multitudes como rebaños a observar a Juan y plantearse quién y qué podría ser aquel hombre. Hablando de Jesús en el prólogo de su evangelio, Juan dice: «Vimos Su gloria» *(Juan 1:14).* El verbo es aquí también *theasthai,* y la idea que sugiere no es la de una ojeada pasajera, sino la de una observación insistente que trata de descubrir algo del misterio de Cristo.

(iv) Dice que sus manos de hecho *tocaron* a Cristo. Lucas nos dice que, cuando Jesús volvió a Sus discípulos después de Su Resurrección, les dijo: «Ved por Mis manos y Mis pies que soy Yo mismo; palpad y comprobadlo, porque un fantasma no tiene carne y hueso como veis que Yo tengo» *(Lucas 24:39).* Aquí Juan está pensando en aquellas personas llamadas docetistas que eran tan «espirituales» que insistían en que Jesús no tuvo nunca un cuerpo de carne y hueso como todos los seres humanos, sino que era un fantasma en forma humana. Se negaban a creer que Dios pudiera llegar a ensuciarse asumiendo la carne y sangre humanas. Juan insiste aquí en que el Jesús Que él había conocido era realmente un hombre entre los hombres. Se daba cuenta de que no había en el mundo nada más peligroso —como veremos— que dudar de que Jesús fuera plenamente humano.

## EL MENSAJE DEL PASTOR

*1 Juan 1:1-4 (conclusión)*

El mensaje de Juan es acerca de Jesucristo; y tiene tres grandes cosas que decir sobre Él. La primera, dice que Jesús *era desde el principio.* Es decir, en Él la eternidad entró en el tiempo; en Él el Dios eterno entró personalmente en el mundo de la humanidad. Segundo, esa entrada en el mundo de la humanidad fue real; fue una humanidad real la que Dios asumió. Tercera, mediante aquella acción vino a la humanidad la palabra de la Vida, la palabra que puede cambiar la muerte en vida y la mera existencia en verdadero vivir. Una y otra vez en el Nuevo Testamento, el Evangelio se llama la palabra; y es del mayor interés para nosotros el ver las diferentes conexiones en que se usa este término.

(i) El nombre que se le da más frecuentemente al Evangelio es *la palabra de Dios (Hechos 4:31; 6:2,7; 11:1; 13:5,7,44; 16:32; Filipenses 1:14; 1 Tesalonicenses 2:13; Hebreos 13:9; Apocalipsis 1:2,9; 6:9; 20:4).* No es un descubrimiento humano; viene de Dios. Es la Noticia de Dios que el hombre no podría haber descubierto por sí mismo.

(ii) El mensaje del Evangelio se llama frecuentemente *la palabra del Señor (Hechos 8:25; 12:24; 13:49; 15:35; 1 Tesalonicenses 1:8; 2 Tesalonicenses 3:1).* No se aclara siempre si el Señor es Dios o Jesús, aunque lo más frecuente es que se refiera a Jesús. Por tanto, el Evangelio es el mensaje que Dios no podría haber mandado a la humanidad más que por medio de Su Hijo.

(iii) El mensaje del Evangelio se llama dos veces *la palabra del oír (logos akoês) (1 Tesalonicenses 2:13; Hebreos 4:2).*

Eso es decir que depende de dos cosas: de una voz dispuesta a proclamarlo, y de un oído dispuesto a escucharlo.

(iv) El mensaje del Evangelio es *la palabra del Reino (Mateo 13:19)*. Es el anuncio del Reino de Dios, y la llamada a responder a Dios con la obediencia que nos hace ciudadanos de ese Reino.

(v) El mensaje del Evangelio es *la palabra del Evangelio (Hechos 15:7; Colosenses 1:5)*. *Evangelio* quiere decir *buena noticia*. Y el Evangelio es esencialmente una buena noticia a la humanidad acerca de Dios.

(vi) El Evangelio es *la palabra de la Gracia (Hechos 14:3; 20:32)*. Es la buena noticia del amor generoso e inmerecido de Dios al hombre; es la noticia de que el hombre no está abrumado bajo la tarea imposible de ganar el amor de Dios, sino que se le ofrece gratuitamente.

(vii) El Evangelio es *la palabra de la Salvación (Hechos 13:26)*. Es el ofrecimiento del perdón de los pecados pasados y del poder para vencer el pecado en el futuro.

(viii) El Evangelio es *la palabra de la Reconciliación (2 Corintios 5:19)*. Es el mensaje de que la relación perdida entre el hombre y Dios se restaura en Jesucristo, Que ha derribado la pared intermedia de separación que había erigido el pecado entre el hombre y Dios.

(ix) El Evangelio es *la palabra de la Cruz (1 Corintios 1:18)*. En el corazón del Evangelio está la Cruz, en la que se da a la humanidad la prueba final del amor perdonador, sacrificado, buscador, de Dios.

(x) El Evangelio es *la palabra de la Verdad (2 Corintios 6:7; Efesios 1:13; Colosenses 1:5; 2 Timoteo 2:15)*. Con la venida del Evangelio, ya no es necesario andar con suposiciones o a tientas, porque Jesucristo nos ha traído la verdad acerca de Dios.

(xi) El Evangelio es *la palabra de la Justicia (Hebreos 5:13)*. Es el poder del Evangelio lo que capacita a una persona para librarse del poder del mal y alcanzar la justicia que es agradable a Dios.

(xii) El Evangelio es *la palabra salutífera (2 Timoteo 1:13;*
*2:8)*. Es el antídoto que cura el veneno del pecado, y la me-
dicina que derrota la enfermedad del mal.

(xiii) El Evangelio es *la palabra de la Vida (Filipenses*
*2:16)*. Por su poder somos librados de la muerte y se nos
permite entrar en la vida que es la vida verdadera.

## DIOS ES LUZ

**1 Juan 1:5**

> *Y este es el mensaje que hemos oído de Él y que os*
> *transmitimos: Que Dios es luz, y no hay tinieblas en Él.*

El carácter de una persona está determinado necesariamente
por el carácter del dios al que adora; y, por tanto, Juan empieza
estableciendo la naturaleza del Dios y Padre de Jesucristo a
Quien adoran los cristianos. Dios, nos dice, es luz, y no hay
tinieblas en Él. ¿Qué nos quiere decir con esto?

(i) Nos dice que Dios es esplendor y gloria. No hay nada más glorioso que el resplandor de la luz atravesando las
tinieblas. Decir que Dios es luz nos habla de Su inefable
esplendor.

(ii) Nos dice que Dios Se revela a Sí mismo. La luz se ve
por encima de todas las cosas; e ilumina las tinieblas a su
alrededor. Decir que Dios es luz es decir que no hay nada
escondido ni furtivo en Él; quiere ser visto y conocido de los
hombres.

(iii) Nos habla de la pureza y santidad de Dios. No hay
tinieblas que puedan camuflar el mal en Él. Que Él es luz nos
habla de Su pureza diáfana, y de Su prístina santidad.

(iv) Nos habla de la dirección de Dios. Una de las grandes
funciones de la luz es mostrar el camino. La carretera que está
bien iluminada es la más segura. Decir que Dios es luz es decir
que ofrece Su dirección a los pasos humanos.

(v) Nos habla de la cualidad reveladora de la presencia de Dios. La luz es el elemento más revelador. Las faltas y las manchas que están ocultas a la sombra aparecen a la luz. La luz revela las imperfecciones de cualquier obra o materia. Así que las imperfecciones de la vida se hacen visibles en la presencia de Dios. Nunca podremos conocer, ni la profundidad a la que ha caído la vida, ni la altura a la que puede remontarse, hasta que las veamos a la luz reveladora de Dios.

## LA OSCURIDAD HOSTIL

*1 Juan 1:5 (conclusión)*

En Dios, dice Juan, no hay ningunas tinieblas. A lo largo de todo el Nuevo Testamento, las tinieblas representan lo que se opone a la vida cristiana.

(i) Las tinieblas representan la vida sin Cristo. Representan la vida que una persona llevaba antes de conocer a Cristo, o la que vive si se separa de Él. Juan escribe a su pueblo que, ahora que Cristo ha venido, las tinieblas han pasado, y la verdadera luz ya está alumbrando *(1 Juan 2:8)*. Pablo escribe a sus amigos cristianos que hubo un tiempo cuando eran tinieblas, pero ahora son luz en el Señor *(Efesios 5:8)*. Dios nos ha librado del poder de las tinieblas y trasladado al Reino de Su amado Hijo *(Colosenses 1:13)*. Los cristianos no están en las tinieblas, porque son hijos del día *(1 Tesalonicenses 5:4s)*. Los que sigan a Cristo no andarán en tinieblas como los demás, sino que tendrán la luz de la vida *(Juan 8:12)*. Dios ha llamado a los cristianos para que pasen de las tinieblas a Su maravillosa luz *(1 Pedro 2:9)*.

(ii) La oscuridad es hostil a la luz. En el prólogo de su evangelio escribe Juan que la luz brilla en las tinieblas, y las tinieblas no la han vencido *(Juan 1:5)*. Nos presenta el cuadro de las tinieblas tratando de borrar la luz —pero incapaces de dominarla. La oscuridad y la luz son enemigas naturales.

(iii) Las tinieblas representan la ignorancia de la vida sin Cristo. Jesús convoca a sus amigos a andar en la luz, no sea que las tinieblas se les echen encima; porque el que camina en tinieblas no sabe adónde va *(Juan 12:35)*. Jesús es la luz, y ha venido para que los que crean en Él no anden en tinieblas *(Juan 12:46)*. La oscuridad representa la perdición esencial de la vida sin Cristo.

(iv) Las tinieblas representan el caos de la vida sin Dios. Dios, dice Pablo pensando en el primer acto de la Creación, mandó que Su luz brillara en medio de las tinieblas *(2 Corintios 4:6)*. Sin la luz de Dios el mundo se encuentra en un caos en el que la vida está sin orden ni concierto.

(v) Las tinieblas representan la inmoralidad de la vida sin Cristo. Pablo exhorta a sus creyentes a que se despojen de las obras de las tinieblas *(Romanos 13:12)*. Los hombres, porque sus obras eran malas, amaban las tinieblas más que la luz *(Juan 3:19)*. Las tinieblas representan la manera en que la vida sin Cristo está llena de cosas que buscan las sombras porque no pueden soportar la luz.

(vi) Las tinieblas son típicamente infructuosas. Pablo habla de las obras infructuosas de las tinieblas *(Efesios 5:11)*. Si se priva de la luz a las cosas que crecen, su crecimiento se detiene. Las tinieblas son la atmósfera sin Cristo, en la que no puede nunca crecer ningún fruto del Espíritu.

(vii) Las tinieblas se relacionan con el desamor y el odio. Si alguien odia a su hermano, eso es señal de que anda en tinieblas *(1 Juan 2:9-11)*. El amor es luminosidad, y el odio, oscuridad.

(viii) La oscuridad es la morada de los enemigos de Cristo y el destino final de los que se niegan a aceptarle. La lucha del cristiano y de Cristo es contra los gobernadores hostiles de las tinieblas de este mundo *(Efesios 6:12)*. Los pecadores rebeldes y recalcitrantes son aquellos para los cuales está reservada la niebla tenebrosa *(2 Pedro 2:9; Judas 13)*. Las tinieblas son la vida separada de Dios.

## LA NECESIDAD DE ANDAR EN LA LUZ

*1 Juan 1:6s*

> *Si decimos que estamos en comunión con Él y al*
> *mismo tiempo andamos en tinieblas, mentimos y no*
> *practicamos la verdad; pero si andamos en la luz como*
> *Él está en la luz, tenemos comunión unos con otros, y*
> *la sangre de Su Hijo Jesucristo nos limpia constante-*
> *mente de todo pecado.*

Aquí está escribiendo Juan para contrarrestar una manera herética de pensar. Había algunos que pretendían ser muy avanzados intelectual y espiritualmente, pero cuyas vidas no daban señales de ello. Pretendían haber avanzado tanto en el camino del conocimiento y de la espiritualidad que para ellos el pecado había dejado de tener importancia, y las leyes, de existir. Napoleón dijo una vez que las leyes eran para la gente ordinaria, pero no para las personas como él. Aquellos herejes pretendían ser tan elevados que, aunque pecaran, no tenía ninguna importancia. Posteriormente Clemente de Alejandría nos dice que había herejes que decían que era indiferente cómo viviera una persona. Ireneo nos dice que declaraban que un hombre verdaderamente espiritual era totalmente incapaz de incurrir nunca en ninguna contaminación, independientemente de la clase de cosas que hiciera.

En respuesta, Juan insiste en ciertas cosas.

(i) Insiste en que para tener comunión con el Dios que es luz, una persona debe andar en la luz; y que, si está todavía andando en las tinieblas morales y éticas de la vida sin Cristo, no puede tener esa comunión. Esto es precisamente lo que había dicho el Antiguo Testamento siglos antes. Dios dijo: «Seréis santos; porque Yo, el Señor vuestro Dios, soy santo» *(Levítico 19:2; cp. 20:7,26)*. El que quiera encontrarse en comunión con Dios se compromete a una vida de bondad que refleje la bondad de Dios. C. H. Dodd escribe: «La Iglesia es una sociedad de personas que, creyendo en un Dios de pura bondad, aceptan la obligación de ser buenas como Él.» Esto no quiere decir que una persona debe ser perfecta para poder tener comunión con Dios; porque, en ese caso, todos estaríamos excluidos. Pero sí quiere decir que toda su vida reconocerá sus obligaciones, y se esforzará en cumplirlas, y se arrepentirá cuando falle. Querrá decir que nunca pensará que el pecado no tiene importancia; que, cuanto más cerca se encuentre de Dios, más terrible le parecerá el pecado.

(ii) Insiste en que estos pensadores equivocados tienen una idea errónea de la verdad. Dice que, si los que pretenden estar especialmente avanzados siguen andando en tinieblas, no están *haciendo* la verdad. Exactamente la misma frase se usa en el Cuarto Evangelio cuando se habla del que *hace* la verdad *(Juan 3:21).* Esto quiere decir que, para el cristiano, la verdad no es nunca exclusivamente intelectual; es siempre moral. No es algo que ejercita solamente la mente, sino algo en lo que está implicada toda la personalidad. La verdad no es sólo el descubrimiento de cosas abstractas; es la vida concreta. No consiste solamente en pensar, sino también en actuar. Las palabras que usa el Nuevo Testamento juntamente con *verdad* son significativas. Habla de *obedecer* a la verdad *(Romanos 2:8; Gálatas 3:7); seguir* la verdad *(Gálatas 2:14; 3 Juan 4); oponerse* a la verdad *(2 Timoteo 3:8); extraviarse* de la verdad *(Santiago 5:9).* Hay algo que podría llamarse «Cristianismo de tertulia.» Es posible considerar el Cristianismo como una serie de problemas intelectuales que hay que resolver, y en la Biblia como un libro sobre el cual hay que apilar información y datos. Pero el Cristianismo es algo que hay que vivir, y la Biblia es un libro que hay que obedecer. Es posible que la eminencia intelectual y el fracaso moral vayan de la mano. Para el cristiano, la verdad es algo, primero, que hay que descubrir; y luego, que hay que obedecer.

## LAS PRUEBAS DE LA VERDAD

*1 Juan 1:6s (continuación)*

Para Juan hay dos grandes pruebas de la verdad.

(i) La verdad es la creadora de la comunión. Si estamos realmente andando en la luz, tenemos comunión unos con otros. Ninguna creencia que separe a una persona de las demás puede ser plenamente cristiana. Ninguna iglesia puede ser exclusiva, y seguir siendo Iglesia de Cristo. Lo que destruye la comunión no puede ser verdadero.

(ii) La sangre de Jesús le va limpiando cada día más y más del pecado al que de veras conoce la verdad. La Reina-Valera es bastante correcta aquí, pero se puede malentender. Dice: «La sangre de Jesucristo, Su Hijo, nos limpia de todo pecado.» Eso se puede tomar como un gran principio; pero se refiere a lo que debería suceder en la vida individual. Lo que quiere decir es que todo el tiempo, día a día, constante y consistentemente, la sangre de Jesucristo lleva a cabo un proceso purificador en la vida del cristiano individual.

La palabra griega para *limpiar* es *katharízein,* que era en su origen una palabra ritual que describía las ceremonias y lavatorios que cualificaban a un hombre para acercarse a sus dioses. Pero la palabra, conforme fue desarrollándose la religión, adquirió un sentido moral, y describe la bondad que permite a una persona entrar a la presencia de Dios. Así es que, lo que Juan está diciendo es: «Si realmente sabes lo que ha obrado el sacrificio de Cristo, y estás experimentando de veras Su poder, día a día irás añadiendo santidad a tu vida, y capacitándote más para entrar a la presencia de Dios.»

Aquí se nos presenta una gran concepción. Considera el sacrificio de Cristo como algo que, no solamente expía los pecados pasados, sino que nos equipa de santidad día a día.

La verdadera religión es la que acerca más y más, día a día, a la persona a sus semejantes y a Dios. Produce la comunión con Dios y con los hombres. Y no existe la una sin la otra.

## LA TRIPLE MENTIRA

*1 Juan 1:6s (conclusión)*

Juan acusa cuatro veces en su carta sin ambages a los falsos maestros de ser mentirosos; y la primera de estas cuatro se encuentra en este pasaje.

Los que pretenden tener comunión con el Dios Que es totalmente luz, y sin embargo andan en la oscuridad, están mintiendo (versículo 6). Un poco más tarde repite esta acusación de una manera un poco diferente. El que diga que conoce a Dios, y sin embargo no guarde Sus mandamientos, es un mentiroso *(1 Juan 2:4)*. Juan está estableciendo la verdad indiscutible de que el que diga una cosa con sus labios y otra con sus obras es un mentiroso. No está pensando en la persona que hace todo lo posible, pero a veces falla. «Uno —dice H. G. Wells— puede que sea un mal músico, y sin embargo esté apasionadamente enamorado de la música.» Y uno puede que sea muy consciente de sus fallos, y sin embargo esté apasionadamente enamorado de Cristo y de Su camino. Juan está pensando en la persona que presenta las más elevadas pretensiones de conocimiento, de eminencia intelectual y espiritual, y que sin embargo se permite cosas que sabe muy bien que están prohibidas. El que profese amar a Cristo y Le desobedezca a sabiendas es culpable de falsedad.

(ii) El que niegue que Jesús es el Cristo es un mentiroso *(1 Juan 2:22)*. Aquí tenemos algo que discurre por todo el Nuevo Testamento. La piedra de toque definitiva de una persona es su reacción a Jesús. La pregunta clave que Jesús dirige a cada persona es: «¿Quién dices tú que soy Yo?» *(Mateo 16:13)*. Cuando uno se encuentra cara a cara con Cristo no puede por menos de ver Su grandeza; y si la niega, es un mentiroso.

(iii) El que diga que ama a Dios, y al mismo tiempo aborrezca a su hermano, es un mentiroso *(1 Juan 4:20)*. El amor a Dios y el odio a un semejante no pueden coexistir en la misma persona. Si hay rencor en el corazón de alguien hacia algún otro, eso es prueba de que no ama de veras a Dios. Todas nuestras protestas de amor a Dios son inútiles y falsas si hay odio en nuestro corazón hacia algún otro.

## EL PROPIO ENGAÑO DEL PECADOR

*1 Juan 1:8-10*

> *Si decimos que no hay pecado en nosotros, nos en-*
> *gañamos a nosotros mismos y en nosotros no está la*
> *verdad. Si reconocemos nuestros pecados, podemos*
> *fiarnos de que Él, en Su justicia, nos perdone nuestros*
> *pecados y nos deje limpios de toda injusticia.*
> *Si decimos que no hemos hecho nada malo, Le de-*
> *jamos a Él por mentiroso, y Su Palabra no tiene cabida*
> *en nosotros.*

En este pasaje Juan describe y condena otros dos errores fatales de pensamiento.

(i) Hay personas que dicen que no tienen pecado. Eso puede querer decir una de dos cosas.

Puede que describa al hombre que dice que no tiene responsabilidad por su pecado. Es bastante fácil encontrar excusas tras las cuales uno trata de esconderse. Podemos echarle las culpas de nuestros pecados a nuestra herencia biológica, a las circunstancias, a nuestro temperamento, a nuestra condición física.

Podemos pretender que fue otro el que nos indujo a pecar, y nos descarrió. Es característico de la naturaleza humana el tratar de sacudirse la responsabilidad por el pecado. O puede que describa al hombre que pretende que puede cometer pecado sin sufrir las consecuencias.

Juan insiste en que, cuando una persona ha pecado, sus excusas y justificaciones son irrelevantes. La única actitud que nos permite hacer frente a la situación es la confesión humilde y penitente a Dios y, si es necesario, a los hombres.

A continuación dice Juan una cosa alucinante. Dice que podemos depender de que Dios, *en Su justicia,* nos perdone si confesamos nuestros pecados. A primera vista habríamos pensado que Dios, *en Su justicia,* estaría más dispuesto a castigar que a perdonar. Pero el hecho es que Dios, porque es justo, nunca quebranta Su palabra; y la Escritura está llena de promesas de misericordia para con la persona que acude a Dios con un corazón arrepentido. Dios ha prometido no despreciar nunca el corazón contrito, y no va a quebrantar Su palabra. Si confesamos nuestros pecados con humildad y arrepentimiento, Él nos perdonará. El mismo hecho de presentar excusas y de tratar de autojustificarnos nos excluye de recibir el perdón, porque nos excluimos del arrepentimiento; el mismo hecho de la confesión humilde es el que abre la puerta para el perdón, porque solamente el que tiene un corazón arrepentido puede reclamar las promesas de Dios.

(ii) Hay personas que dicen que realmente no han pecado. Esa actitud no es ni mucho menos tan infrecuente como podríamos pensar. Incontables personas no creen realmente que han pecado, y hasta se ofenden de que se las llame pecadoras. Su equivocación es que creen que el pecado es sólo la clase de cosa que sale en los periódicos. Olvidan que *pecado* es *hamartía,* que quiere decir literalmente *no dar en el blanco.* Dejar de ser tan buen padre, madre, esposo, esposa, hijo, hija, obrero, persona como podríamos ser es *pecar;* y eso nos incluye a todos.

En cualquier caso, el que dice que no ha pecado está realmente nada menos que dejando a Dios por mentiroso, porque, según las Escrituras, Dios ha dicho claramente que todos hemos pecado.

Así es que Juan condena al que pretende estar tan avanzado en el conocimiento y en la vida espiritual que el pecado ha dejado de afectarle. Condena al que se exime de la responsabilidad por su pecado, o que mantiene que el pecado no le afecta lo más mínimo. Condena al que ni siquiera se ha dado cuenta de que es un pecador. La esencia de la vida cristiana es, en primer lugar, darnos cuenta de nuestro pecado; y, seguidamente, acudir a Dios para recibir ese perdón que puede borrar el pasado y esa limpieza que puede hacer nuevo el futuro.

## LA PREOCUPACIÓN DE UN PASTOR

*1 Juan 2:1s*

> *Hijitos míos, estoy escribiéndoos estas cosas para que no pequéis. Pero si alguno peca, tenemos al Que defenderá nuestra causa ante el Padre, Jesucristo el Justo. Porque Él es el sacrificio propiciatorio por nuestros pecados; y no solamente por los nuestros, sino también por todo el mundo.*

La primera cosa que debemos notar en este pasaje es el afecto sincero. Juan empieza por llamar a sus lectores «hijitos míos.» Tanto en latín y griego como en español los diminutivos denotan un afecto especial. Son palabras que se usan, como si dijéramos, con una caricia. Juan es un hombre muy anciano; debe de ser de hecho el último superviviente de su generación, el último hombre vivo de los que habían andado y hablado con Jesús en los días de Su carne. Desgraciadamente, muy a menudo los ancianos no simpatizan con los jóvenes, y hasta desarrollan una irritabilidad impaciente frente a las maneras nuevas y más libres de la generación más joven. Pero no Juan; en su ancianidad no da muestras nada más que de ternura para con los que son sus hijitos en la fe. Les está escribiendo para decirles que no deben pecar, pero no les echa la bronca. No tienen filo sus palabras; quiere conducirlos a la bondad a fuerza de amarlos. En estas palabras introductorias se ve el anhelo, la ternura afectiva de un pastor hacia las personas a las que ha conocido largo tiempo en todas sus debilidades y flaquezas, y sigue amando.

Su propósito al escribirles es que no pequen. Hay aquí una doble línea de pensamiento —con lo que precede y con lo que sigue. Hay un doble peligro de que piensen con ligereza en el pecado.

Juan dice dos cosas acerca del pecado. La primera, acaba de decir que el pecado es universal; cualquiera que diga que no ha cometido ningún pecado, es un mentiroso. Segunda, que hay perdón para los pecados en lo que Jesucristo ha hecho y sigue haciendo por los hombres. Ahora bien, sería posible usar estas dos afirmaciones como una excusa para pensar en el pecado con ligereza. Si todos hemos pecado, ¿por qué armar tanto jaleo acerca de ello, y de qué sirve luchar contra algo que es en cualquier caso una parte inevitable de la condición humana? Además, si hay perdón de pecados, ¿para qué preocuparse?

A la vista de esto Juan, como señala Westcott, tiene dos cosas que decir.

Primera, el cristiano es el que ha llegado a conocer a Dios; y el compañero inseparable del conocimiento debe ser *la obediencia*. Volveremos a esto más en detalle; pero de momento notamos que conocer a Dios y obedecer a Dios deben ser, como Juan deja bien claro, partes gemelas de la misma experiencia.

Segunda, el que pretenda permanecer en Dios (versículo 6) y en Jesucristo, debe vivir la misma clase de vida que Jesús vivió; es decir: la unión con Cristo conlleva necesariamente *la imitación* de Cristo.

Así es que Juan establece sus dos grandes principios éticos: el conocimiento conlleva la obediencia, y la unión conlleva la imitación. Por tanto, en la vida cristiana nunca puede haber nada que nos induzca a pensar en el pecado con ligereza.

## JESUCRISTO, EL PARÁCLITO

*1 Juan 2:1s (continuación)*

Nos llevará un tiempo considerable el estudio de estos dos versículos, porque puede que no haya en todo el Nuevo Testamento otros dos versículos que expongan tan sucintamente la obra de Cristo.

Empecemos por plantear el problema. Está claro que el Cristianismo es una religión ética; eso es algo en lo que Juan hace hincapié. Pero también está claro que el hombre es a menudo un fracaso ético. Confrontado con las demandas de Dios, las admite y las acepta —y entonces fracasa en cumplirlas. Aquí, pues, hay una barrera infranqueable entre Dios y el hombre. ¿Cómo puede el hombre, un pecador, entrar alguna vez a la presencia del Dios tres veces santo? Ese problema se resuelve en Jesucristo. Y Juan usa en este pasaje dos grandes palabras acerca de Jesucristo que debemos estudiar, no simplemente para adquirir conocimiento intelectual, sino para comprender y así entrar a participar en los beneficios de Cristo.

Llama a Jesucristo *nuestro Abogado con el Padre.* La palabra es *paráklêtos,* que en el Cuarto Evangelio traduce la Reina-Valera por Consolador (de acuerdo con el D.R.A.E., que define *paráclito* como «Nombre que se da al Espíritu Santo, enviado para consolador de los fieles». Véase nota a *Juan 14:16* en la R-V'95). Es una palabra tan grande y tiene tras sí un pensamiento tan grande que debemos examinarla en detalle. *Paráklêtos* procede del verbo *parakalein.* Hay algunos contextos en los que *parakalein* quiere decir *confortar.* Se usa con este sentido, por ejemplo, en *Génesis 37:35,* donde se dice que todos los hijos e hijas de Jacob acudieron a *consolarle* por haber perdido a José. En *Isaías 61:2,* donde se dice que la función del profeta es *consolar* a todos los que están de luto; y en *Mateo 5:4,* donde se dice que los que lloran recibirán *consolación.* Pero ese no es, ni el más corriente ni el más literal sentido de *parakalein;* su sentido más corriente es *llamar a alguien al lado de uno* para usarle de alguna manera como ayuda y consejero. En griego ordinario ese es un uso muy corriente. Jenofonte *(Anábasis 1.6.5)* dice que Ciro *convocó (parakalein)* a Plearcos a su tienda para que fuera su consejero, porque a Clearcos le tenían en muy alta estima Ciro y los griegos. El orador griego Esquines protesta de que sus oponentes llamaran a su gran rival Demóstenes, y dice: «¿Por qué tenéis que *llamar* a Demóstenes *en vuestra ayuda?* Hacer eso es *pedir que venga* un retórico tramposo a seducir los oídos del jurado.» *(Contra Ctesifonte, 200).*

La palabra *paráklêtos* está en la voz pasiva, y quiere decir literalmente *alguien que es llamado al lado de uno;* pero como siempre lo más importante es la razón por la que se llama, la palabra, aunque de forma pasiva, tiene un sentido activo, y llega a querer decir *ayudador, sustentador,* y sobre todo *testigo a favor de alguien, abogado* en la defensa de alguien. También es una palabra corriente en el griego secular ordinario. Demóstenes *(De Fals. Leg. 1)* habla de las oportunidades y del espíritu de partido de *abogados (paraklêtoi)* que están al servicio de intereses privados en vez del bien público. Diógenes Laercio (4.50) menciona un dicho cáustico del filósofo Bión. Una persona muy charlatana buscó su ayuda en cierto asunto. Bión le dijo: «Haré lo que deseas, con tal de que me mandes a alguien que me exponga tu caso (es decir, envía un *paráklêtos),* pero tú manténte bien lejos.» Cuando Filón está hablando de la historia de José y sus hermanos dice que, cuando José les perdonó el mal que le habían hecho, dijo: «Os ofrezco una amnistía por todo lo que me hicisteis; no necesitáis otro *paráklêtos»* *(Vida de José 40).* Filón nos dice que los judíos de Alejandría estaban siendo oprimidos por un cierto gobernador y decidieron presentarle su caso al emperador. «Debemos encontrar —dijeron— un *paráklêtos* más poderoso que induzca al emperador Gayo a una actitud favorable a nosotros» *(Leg. in Flacc. 968 B).*

Tan corriente era esta palabra que pasó a otras lenguas simplemente transcrita. En el mismo Nuevo Testamento, las versiones siríaca, egipcia, árabe y etiópica conservan todas la palabra *paráklêtos* sin traducirla. Especialmente los judíos adoptaron la palabra y la usaron con el sentido de *abogado, ad-vocatus,* alguien que defiende la causa de uno. La usaban como la contraria de *acusador, fiscal,* y los rabinos tenían este dicho acerca de lo que sucederá el Día del Juicio de Dios: «El hombre que guarde un mandamiento de la Ley se ha conseguido un *paráklêtos;* el hombre que quebranta un mandamiento de la Ley se ha buscado un acusador.» También decían: «Si un hombre es citado ante el tribunal sobre un asunto capital necesita poderosos *paraklêtoi* (el plural de la palabra) que le salven; el arrepentimiento y las buenas obras son sus *paraklêtoi* en el juicio de Dios.» «Toda la justicia y la misericordia que haga un israelita en este mundo son gran paz y gran *paraklêtoi* entre él y su Padre en el Cielo.» Decían que la ofrenda por el pecado era el *paráklêtos* de un hombre ante Dios.

Así que la palabra entró en el vocabulario cristiano. En los días de las persecuciones y los mártires, un acusado cristiano llamó a Vetio Epagato para que defendiera hábilmente el caso de los que fueran acusados de ser cristianos. «Fue un abogado —*paráklêtos*— para los cristianos, porque tenía al Abogado en su vida, al Espíritu Santo» (Eusebio, *Historia Eclesiástica 5:1*). *La Carta de Bernabé* (20) habla de hombres malos que son los *abogados* de los ricos y los jueces injustos de los pobres. El autor de *Segunda de Clemente* pregunta: «¿Quién será vuestro *paráklêtos* si no está claro que vuestras obras son justas y santas?» *(2 Clemente 6:9).*

Un *paráklêtos* se ha definido como «uno que presta su presencia a sus amigos.» Encontramos en el Nuevo Testamento más de una vez esta gran concepción de Jesús como el amigo y el defensor del hombre. En un juicio marcial, el oficial que defiende al soldado bajo acusación se llama el amigo del preso. Jesús es nuestro amigo. Pablo escribe acerca de ese Cristo que está a la diestra de Dios y «que intercede por nosotros» *(Romanos 8:34).* El autor de la *Carta a los Hebreos* habla de Jesucristo como el Que «siempre está vivo para hacer intercesión» por los hombres (*Hebreos 7:25*); y también habla de Él como «compareciendo en la presencia de Dios por nosotros» (*Hebreos 9:24*).

Lo más tremendo de Jesús es que no ha perdido nunca Su interés y Su amor por los hombres. No hemos de pensar en Él como alguien que ha pasado por la vida sobre la tierra, y la muerte en la Cruz, y ha terminado con la humanidad. Sigue asumiendo en Su corazón la preocupación por nosotros; sigue intercediendo por nosotros; Jesucristo es el amigo del preso para todos.

## JESUCRISTO, LA PROPICIACIÓN

*1 Juan 2:1s (conclusión)*

Juan pasa a decir que Jesús es *la propiciación por nuestros pecados.* La palabra original es *hilasmós.* Esta es una imagen que nos es sumamente difícil captar. La figura del *abogado* es universal, porque todo el mundo tiene experiencia de un amigo que viene en su ayuda; pero la figura de *la propiciación* procede del *sacrificio,* y era más natural para los judíos que para nosotros. Para entenderla tenemos que captar las ideas básicas que subyacen en ella.

La gran finalidad de toda religión es la relación con Dios, conocerle como Amigo y entrar con gozo, no con miedo, a Su presencia. De aquí se sigue que el problema supremo de la religión es el pecado, que es lo que interrumpe la relación con Dios. Para resolver ese problema, surge todo el sistema del sacrificio. Por él se restaura la relación con Dios. Por eso los judíos ofrecían el sacrificio por el pecado; no por ningún pecado en particular, sino por el ser humano como pecador; y mientras existió el Templo se hizo esta ofrenda a Dios por la mañana y por la tarde. Los judíos ofrecían a Dios también sacrificios por los pecados, es decir, por los pecados particulares. También tenían el Día de la Expiación, cuyo ritual estaba diseñado para expiar *todos* los pecados, conocidos o no. Este es el trasfondo con el que tenemos que ver en esta figura de la propiciación.

Como ya hemos dicho, la palabra griega para *propiciación* es *hilasmós,* y el verbo correspondiente es *hiláskesthai.* Este verbo tiene tres significados. (i) Cuando el sujeto es un hombre quiere decir *aplacar* o *pacificar* a alguien que ha sido dañado u ofendido, pero se usa sobre todo para aplacar a un dios. Es traer un sacrificio o cumplir un ritual por el que un dios, que ha sido ofendido por el pecado, se aplaca. (ii) Si el sujeto es *Dios,* el verbo quiere decir *perdonar,* porque entonces el significado es que Dios mismo provee el medio por el cual se restablece la relación perdida entre Él y los hombres. (iii) El tercer significado está relacionado con el primero. El verbo quiere decir a menudo realizar alguna obra por la que se quita la mancha de la culpa. Una persona peca; inmediatamente adquiere la mancha del pecado; le hace falta algo que, para usar la metáfora de C. H. Dodd, le *desinfecte* al hombre de esa mancha, y le permita volver a entrar a la presencia de Dios. En ese sentido *hiláskesthai* quiere decir, no propiciar, sino *expiar;* no tanto pacificar a Dios como desinfectar al hombre del contagio del pecado y capacitarle así de nuevo para estar en relación con Dios.

Cuando Juan dice que Jesús es el *hilasmós* por nuestros pecados está reuniendo en uno todos estos significados diferentes. Jesús es la persona por medio de Quien se eliminan la culpa por los pecados pasados y la infección del pecado presente. La gran verdad básica tras esta palabra es que por medio de Jesucristo se restaura y mantiene la relación con Dios.

Notemos todavía otra cosa. Según Juan lo ve, esta obra de Jesús fue realizada, no solamente por nosotros, sino por todo el mundo. Hay en el Nuevo Testamento una línea constante de pensamiento en la que se subraya la universalidad de la Salvación de Dios. De tal manera amó Dios *al mundo* que envió a Su Hijo *(Juan 3:16).* Jesús está seguro de que, cuando sea elevado en la Cruz, atraerá a Sí *a todos los hombres (Juan*

*12:32).* Dios quiere que *todos los hombres* sean salvos *(1 Timoteo 2:4).* Sería una osadía ponerle límites a la gracia y al amor de Dios o a la eficacia de la obra y el sacrificio de Jesucristo. Es verdad que el amor de Dios es más amplio que nuestras ideas, y en el mismo Nuevo Testamento se intuye una Salvación cuyos brazos abarcan a todo el mundo.

## EL VERDADERO CONOCIMIENTO DE DIOS

**1 Juan 2:3-6**

*Y es por esto por lo que sabemos que hemos llegado a conocerle: si guardamos Sus mandamientos. El que diga: «Yo he llegado a conocerle,» y no guarde Sus mandamientos, es un mentiroso, y la verdad no tiene cabida en su vida. El amor de Dios llega a su plenitud en cualquier persona que guarda Su Palabra. Esta es la manera de saber si estamos en Él: el que pretenda permanecer en él, debe vivir la misma clase de vida que Él vivió.*

Este pasaje contiene frases y pensamientos que eran muy familiares en el mundo antiguo. Habla acerca de *conocer a Dios,* y de *estar en Dios.* Es importante que veamos dónde está la diferencia entre el mundo pagano en toda su grandeza y el judaísmo y el Cristianismo. Conocer a Dios, permanecer en Dios, tener relación con Dios siempre ha sido el anhelo del corazón humano, porque Agustín tenía razón cuando decía que Dios nos ha hecho para Sí mismo, y que nuestros corazones están inquietos hasta que encuentran su reposo en Él. Podemos decir que en el mundo antiguo había tres líneas de pensamiento en relación con el conocimiento de Dios.

(i) En la gran era clásica de su pensamiento y literatura, en los siglos VI y V antes de Cristo, los griegos estaban convencidos de que podían llegar a Dios por un proceso de razonamiento y búsqueda intelectual. En *El mundo del Nuevo*

*Testamento,* T. R. Glover tiene un capítulo sobre *Los griegos* en el que brillante e interesantemente bosqueja el carácter de la mente griega en sus grandes días, cuando los griegos glorificaban el intelecto. «Sería difícil encontrar un pensador más profundo y preciso que Platón,» decía Marshall Macgregor. Jenofonte nos cuenta la conversación que tuvo Sócrates con un joven. «¿Cómo sabes tú eso? —preguntó Sócrates—. ¿Lo sabes de veras, o lo supones?» El joven tuvo que confesar: «Lo supongo.» «Muy bien —respondió Sócrates—. Cuando hayamos pasado del suponer al saber podremos hablar de esto.» Las suposiciones no eran suficientemente buenas para el pensador griego.

Para el griego clásico la curiosidad no era un defecto, sino la más grande de las virtudes, porque era la madre de la filosofía. Glover escribe sobre esta actitud: «Hay que examinarlo todo; el mundo entero es el campo de estudio del hombre; no hay pregunta que le sea impropio al hombre hacer; la naturaleza tiene que acabar por dar la cara y responder; Dios mismo tiene que explicarse a Sí mismo; porque, ¿es que no hizo así al hombre?» Para los griegos de la gran era clásica el camino hacia Dios pasaba por la inteligencia.

Hay que notar que un enfoque intelectual a la religión no tiene que ser ético por necesidad. Si la religión es una serie de problemas mentales, si Dios es la meta que nos espera al final de una actividad mental intensa, la religión se convierte en algo así como las matemáticas superiores. Llega a ser cuestión de satisfacción intelectual y no de acción moral; y el hecho escueto es que muchos de los grandes pensadores griegos no eran precisamente morales. Aun hombres tan grandes como Platón y Sócrates no veían nada malo en la homosexualidad. Uno podía conocer a Dios en el sentido intelectual, pero eso no tenía por qué hacerle una buena persona.

(ii) Los griegos posteriores, en el trasfondo inmediato del Nuevo Testamento, trataban de encontrar a Dios en la experiencia emocional. El fenómeno religioso característico de aquellos días eran las religiones misteriosas. Sea cual fuere nuestro punto de vista de la historia de la religión, tenían unas características sorprendentes. Su objetivo era la unión con lo divino, y todas tomaban la forma de autos de pasión. Se fundaban en la historia de algún dios que vivía, y sufría terriblemente, y moría cruelmente, y resucitaba. Al iniciado se le daba un largo curso de instrucción; se le hacía practicar la disciplina ascética. Se le trabajaba emocionalmente, guiándole a un punto álgido de expectación y sensibilidad emocional. Entonces se le permitía pasar al auto de pasión en el que se representaba en la escena la historia de un dios doliente, que moría, y que resucitaba. Todo estaba diseñado para producir una atmósfera emocional. Había una iluminación sofisticada, una música sensual, un perfume de incienso, una liturgia maravillosa. En esta atmósfera se representaba la historia, y el iniciado se identificaba con las experiencias del dios hasta que podía exclamar: «¡Yo soy tú, y tú eres yo!»; hasta que compartía el sufrimiento del dios y también su victoria e inmortalidad. Esto no era tanto *conocer* a Dios como *sentir* a Dios. Pero era una experiencia altamente emocional; y, como tal, era pasajera por fuerza. Era una especie de droga religiosa. Pretendía encontrar a Dios en una experiencia anormal, y su objetivo era escapar de la vida ordinaria.

(iii) Por último estaba la manera judía de conocer a Dios, que estaba íntimamente relacionada con la manera cristiana. Para el judío, el conocimiento de Dios venía, no de la especulación humana, ni por una experiencia exótica de emoción, sino por la propia revelación de Dios. El Dios que Se revelaba a Sí mismo era un Dios santo, y Su santidad conllevaba la obligación para el adorador de ser él también santo. A. E. Brooke dice: «Juan no puede concebir ningún conocimiento real de Dios que no desemboque en la obediencia.» El conocimiento de Dios se puede demostrar solamente por la obediencia a Dios; y el conocimiento de Dios se puede ganar solamente mediante la obediencia a Dios. C. H. Dodd dice: «Conocer a Dios es experimentar Su amor en Cristo, y devolver ese amor en obediencia.»

Aquí estaba el problema para Juan. En el mundo griego estaba frente a personas que veían a Dios como un ejercicio intelectual, y que podían decir: «Yo conozco a Dios» sin ser conscientes de ninguna obligación ética. En el mundo griego se enfrentaba con personas que habían tenido una experiencia emocional, y que podían decir: «Yo estoy en Dios y Dios está en mí,» y que sin embargo no veían a Dios en términos de mandamientos en absoluto.

Juan está decidido a establecer de manera inequívoca y sin compromiso alguno que la única manera en que podemos mostrar que conocemos a Dios es obedeciéndole, y la única manera en que podemos mostrar que estamos unidos a Cristo es la imitación de Cristo. El Cristianismo es la religión que ofrece el mayor privilegio y que impone la mayor obligación. El esfuerzo intelectual y la experiencia emocional no se menosprecian —¡lejos de ello!— pero deben combinarse para desembocar en la acción moral.

## EL MANDAMIENTO VIEJO Y NUEVO

### 1 Juan 2:7s

*Amados, no es ningún mandamiento nuevo el que os estoy transmitiendo, sino el mandamiento antiguo que habéis tenido desde el principio. El mandamiento antiguo es la Palabra que habéis oído. Pero también es un nuevo mandamiento el que os estoy transmitiendo, algo que es verdadero en Él y en vosotros; porque las tinieblas van pasando, y la luz ya está brillando.*

*Amados* es una palabra favorita de Juan al dirigirse a su pueblo (cp. 3:2,21; 4:1,7; *3 Juan 1:2,5,11*). El acento dominante de sus escritos es el amor. Como decía Westcott: «San Juan, cuando insiste en el mandamiento del amor, aporta su ejemplo.» Hay aquí algo muy precioso. Mucho de esta carta es una advertencia; y parte de ella, una reprensión. Cuando estamos advirtiendo o reprendiendo a otros, es tan fácil adoptar un tono fríamente crítico; es tan fácil echar la bronca; es hasta posible complacerse en ver a los otros achicarse bajo el látigo verbal. Pero, hasta cuando tiene que decir cosas dolorosas, el acento de la voz de Juan es el amor. Había aprendido la lección que debe aprender todo padre, o predicador, o maestro, o líder: a decir la verdad con amor.

Juan habla de un mandamiento que es al mismo tiempo viejo y nuevo. Algunos tomarían esto como una referencia al mandamiento que se implica en el versículo 6, que el que permanezca en Jesucristo debe vivir la misma clase de vida que su Maestro. Pero es casi seguro que Juan está pensando en las palabras de Jesús en el Cuarto Evangelio: «Un mandamiento nuevo os doy: Que os améis los unos a los otros; como Yo os he amado, que también os améis los unos a los otros» *(Juan 13:34)*. ¿En qué sentido era ese mandamiento tanto antiguo como nuevo?

(i) Era antiguo en el sentido de que ya estaba en el Antiguo Testamento. ¿No decía la Ley: «Amarás a tu prójimo como a ti mismo»? *(Levítico 19:18)*. Era antiguo en el sentido de que esta no era la primera vez que la audiencia de Juan lo había escuchado. Desde el mismísimo primer día de su incorporación a la vida cristiana les habían enseñado que la ley del amor había de ser la ley de su vida. Este mandamiento había recorrido un largo camino en la Historia, y también en las vidas de los destinatarios de esta carta.

(ii) Era nuevo porque se había elevado a una nivel completamente nuevo en la vida de Jesús —y era como Jesús había amado a los hombres como los hombres habían ahora de amarse unos a otros. Bien podría decirse que la humanidad no sabía realmente lo que era el amor hasta que lo vio en Jesús. En todas las esferas de la vida es posible que una cosa sea antigua en el sentido de que ha existido desde mucho antes, y sin embargo alcance un nivel totalmente nuevo por la actuación de alguien. Un juego puede llegar a ser nuevo para una persona cuando ha visto jugarlo a un gran maestro. Una pieza de música puede llegar a ser algo nuevo para una persona que se la ha escuchado a una gran orquesta bajo la batuta de un gran director. Hasta un plato de comida puede llegar a ser una cosa nueva para el que lo prueba cuando lo ha preparado alguien que tiene el genio de la cocina. Una cosa antigua se puede convertir en una nueva experiencia en las manos de un maestro. En Jesús, el amor llegó a ser nuevo en dos direcciones.

(a) Llegó a ser nuevo por *la amplitud que alcanzó*. En Jesús el amor alcanza hasta *al pecador*. Para el rabino judíos ortodoxo, el pecador era una persona a la que Dios quería destruir. «Hay gozo en el Cielo —decían— cuando un pecador desaparece de la tierra.» Pero Jesús fue el amigo de loa marginados y de los pecadores, y estaba seguro de que había gozo en el Cielo cuando un pecador volvía al hogar. En Jesús el amor alcanza hasta *a los gentiles*. Según algún rabino lo veía, «los gentiles fueron creados por Dios para servir de leña en los fuegos del infierno.» Pero para Jesús Dios amaba *al mundo* de tal manera que dio a Su Hijo. El amor llegó a ser algo nuevo en Jesús porque Él extendió sus fronteras hasta que no quedó nadie fuera de su abrazo.

(b) Llegó a ser nuevo por *los límites a los que llegó*. Ninguna falta de reacción, nada que pudiéramos hacerle nunca podía convertir en odio el amor de Jesús. Él pudo hasta pedir a Dios que tuviera misericordia de los que Le estaban clavando a la Cruz.

El mandamiento del amor era antiguo en el sentido de que se conocía desde hacía mucho; pero era nuevo porque en Jesucristo el amor alcanzó un nivel que no había alcanzado nunca antes, y era conforme a ese nivel como nos mandaba amar.

## LA DERROTA DE LA OSCURIDAD

*1 Juan 2:7s* (conclusión)

Juan pasa a decir que este mandamiento del amor se ha hecho realidad en Jesucristo y también en las personas a las que dirige su carta. Para Juan, como ya hemos visto, la verdad no es solamente algo que hay que captar con la mente, sino algo que hay que poner por obra. Lo que quiere decir es que el mandamiento del amor mutuo es la verdad suprema; en Jesucristo podemos ver ese mandamiento en toda la gloria de su plenitud; en Él ese mandamiento se hace verdad; y en el cristiano podemos verlo, no en la plenitud de su verdad, pero sí llegando a ser realidad. Para Juan, el Cristianismo es un progreso en el amor.

Pasa luego a decir que la luz ya está brillando, y las tinieblas están pasando. Esto hay que leerlo en su contexto histórico. Para cuando Juan estaba escribiendo, al final del primer siglo, las ideas estaban cambiando. En los primeros días de la Iglesia se había estado esperando la Segunda Venida de Jesús como un acontecimiento repentino e inminente. Cuando aquello no tuvo lugar, no abandonaron la esperanza, sino permitieron que la experiencia la cambiara. Para Juan la Segunda Venida de Cristo no es un acontecimiento dramático y repentino, sino un proceso en el cual las tinieblas van siendo derrotadas paulatinamente por la luz; y el final del proceso será un mundo en el que las tinieblas hayan sido derrotadas totalmente, y la luz haya triunfado en toda la línea.

En este pasaje y en los versículos 10 y 11, la luz se identifica con el amor, y la oscuridad con el odio. Eso es decir que el fin de este proceso es un mundo en el que reine el amor, y el odio haya sido desterrado. Cristo ha entrado en el corazón de una persona cuando toda su vida es gobernada por el amor; y Él habrá entrado en el mundo de los hombres cuando todos obedezcan Su mandamiento del amor. La Venida y el Reino de Jesús son equivalentes a la venida y el reinado del amor.

## AMOR Y ODIO, LUZ Y OSCURIDAD

**1 Juan 2:9-11**

*El que diga que está en la luz, y al mismo tiempo aborrezca a su hermano, está todavía en las tinieblas. El que ame a su hermano permanece en la luz, y no hay nada en él que le haga vacilar. El que aborrezca a su hermano está en las tinieblas y anda en las tinieblas, y no sabe adónde va, porque las tinieblas le han cegado los ojos.*

Lo primero que nos impacta en este pasaje es que Juan ve las relaciones personales en blanco y negro. En relación con nuestro hermano hombre no hay más que amor u odio; según lo ve Juan, no hay tal cosa como neutralidad en las relaciones personales. Según lo expresa Westcott: «La indiferencia es imposible; no hay crepúsculos en el mundo espiritual.»

Hay que notar además que de lo que está hablando Juan es de la actitud de un hombre hacia su *hermano;* es decir, el vecino de al lado, el que vive y trabaja con él, con el que está en contacto todos los días. Hay una supuesta actitud cristiana que predica con entusiasmo el amor a las gentes de otras tierras, pero que nunca busca ninguna clase de relación con el vecino de al lado, ni tan siquiera vivir en paz con el propio círculo familiar. Juan insiste en el amor hacia la persona con la que estamos diariamente en contacto. Como decía A. E. Brooke, esto no es «una filosofía insípida, ni un pretendido cosmopolitismo;» es algo inmediato y práctico.

Juan tiene toda la razón del mundo cuando traza una aguda distinción entre la luz y la oscuridad, el amor y el odio, sin matices intermedios. No podemos pasar por alto a nuestro hermano; es parte de nuestra circunstancia. La cuestión es, *¿cómo* le consideramos?

(i) Podemos considerar a nuestro hermano hombre como *prescindible.* Podemos hacer todos nuestros planes sin incluirle de ninguna manera en nuestros cálculos. Podemos vivir con la suposición de que su necesidad y su dolor y su bienestar y su salvación no tienen nada que ver con nosotros. Una persona puede ser tan egocéntrica —a menudo inconscientemente— que lo único que le importa en el mundo es ella misma.

(ii) Podemos mirar a nuestro hermano hombre con *desprecio*. Le podemos tratar como un necio en comparación con nuestros logros intelectuales, y como alguien de cuya opinión podemos prescindir totalmente. Puede que le consideremos, como los griegos a los esclavos, una casta inferior aunque necesaria, bastante útil para las tareas vulgares de la vida, pero que no se puede comparar con nosotros.

(iii) Podemos considerar a nuestro hermano hombre como *un fastidio*. Puede que reconozcamos que la ley y los convencionalismos le han dado un cierto derecho sobre nosotros, pero que no es nada más que una desgraciada imposición. Así es que uno puede considerar como lamentable cualquier contribución que tenga que hacer a la caridad, y cualquier impuesto que tenga que pagar para el bienestar social. Algunos consideran en lo más íntimo de su corazón que los que se encuentran en una condición de pobreza o de necesidad, lo mismo que todos los demás marginados, no son más que un fastidio.

(iv) Puede que consideremos a nuestro hermano hombre *un enemigo*. Si consideramos que la competencia es el principio fundamental de la vida, tendrá que ser así. Cualquier otra persona de la misma profesión o negocio es un competidor en potencia, y por tanto un enemigo en potencia.

(v) Puede que consideremos a nuestro hermano hombre *un hermano;* sus necesidades, como si fueran nuestras; sus intereses, como si fueran nuestros, y el estar en la debida relación con él como el verdadero gozo de la vida.

## EL EFECTO DEL AMOR Y DEL ODIO

*1 Juan 2:9-11 (conclusión)*

Juan tiene algo más que decir. Tal como él lo ve, nuestra actitud hacia nuestro hermano hombre tiene un efecto, no sólo en él, sino también en nosotros.

(i) Si amamos a nuestro hermano, estamos caminando en la luz y no hay nada en nosotros que nos haga tropezar. El original griego podría querer decir que, si amamos a nuestro hermano, no habrá nada en nosotros que *le* haga tropezar; y, por supuesto, eso sería perfectamente cierto. Pero es mucho más probable que lo que Juan quiere decir sea que, si amamos a nuestro hermano, no hay nada en nosotros que nos haga, *a nosotros,* tropezar. Es decir, que el amor nos permite hacer un progreso en la vida espiritual, y el odio lo hace imposible. Cuando pensamos en ello, eso es perfectamente obvio. Si Dios es amor, y si el mandamiento nuevo de Cristo es el amor, entonces el amor nos acerca a las personas y a Dios, y el odio nos separa de las personas y de Dios. Deberíamos recordar siempre que el que tiene odio o resentimiento en su corazón no puede nunca crecer en la vida espiritual.

(ii) Juan pasa a decir que el que odia a su hermano camina en tinieblas y no sabe adónde va porque las tinieblas le ciegan. Es decir, que el odio vuelve a las personas ciegas; y esto también es perfectamente obvio. Cuando uno tiene odio en el corazón, se le oscurece la capacidad de juicio; no puede ver claramente una situación. No es nada raro ver a una persona oponerse a un buen proyecto simplemente porque no le cae bien la persona que lo presenta. Una y otra vez el progreso en algún esquema de iglesia o de cualquier otra sociedad se interrumpe por animosidades personales. Nadie puede dar un veredicto sobre nada si tiene odio en su corazón, ni tampoco dirigir su propia vida como debe cuando le domina el odio.

El amor le permite a uno andar en la luz; el odio le deja a uno en la oscuridad —aunque no se dé cuenta.

## RECORDANDO QUIÉNES SOMOS

*1 Juan 2:12-14*

> *Os estoy escribiendo a vosotros, hijitos, porque se os han perdonado vuestros pecados por causa de Su nombre.*
>
> *Os estoy escribiendo a vosotros, padres, porque habéis llegado a conocer al Que es desde el principio.*
>
> *Os estoy escribiendo a vosotros, jóvenes, porque habéis vencido al Maligno.*
>
> *Os he escrito a vosotros, pequeñitos, porque habéis llegado a conocer al Padre.*
>
> *Os he escrito a vosotros, padres, porque habéis llegado a conocer al Que es desde el principio.*
>
> *Os he escrito a vosotros, jóvenes, porque sois fuertes, y la Palabra de Dios permanece en vosotros, y habéis vencido al Maligno.*

Este es un pasaje precioso; y sin embargo, a pesar de toda su belleza, presenta sus problemas de interpretación. Empezaremos por notar dos cosas que son seguras.

Primera, en cuanto a su forma, este pasaje no es exactamente poesía, pero sí es algo que se le parece. Y esto se ha de tener en cuenta en su interpretación.

Segunda, en cuanto a su contenido, Juan le ha estado advirtiendo a su pueblo de los peligros de la oscuridad y de la necesidad de andar en la luz, y ahora dice que en todos los casos su mejor defensa está en recordar lo que son y lo que se ha hecho por ellos. Sean quienes sean, sus pecados les han sido perdonados; sean quienes sean, conocen al Que es desde el principio; sean quienes sean, tienen la fuerza que puede enfrentarse al Maligno y vencerle. Cuando aconsejaron a Nehemías que buscara cobardemente su seguridad, su respuesta fue: «¿Un hombre como yo ha de huir?» *(Nehemías 6:11).* Y cuando el cristiano es tentado, su respuesta bien puede ser:

«¿Debe un hombre como yo rebajarse a esta locura, o mancharse las manos con esta guarrería?» La persona que ha sido perdonada, que conoce a Dios y que es consciente de que puede reclamar una fuerza superior a la suya tiene una gran defensa contra la tentación al recordar sencillamente estas cosas.

Pero en este pasaje hay problemas. El primero es bien sencillo. ¿Por qué dice Juan tres veces *estoy escribiendo,* y otras tres veces *Os he escrito?* La Vulgata traduce ambas por el presente, *scribo;* y se ha sugerido que Juan cambia de tiempo simplemente para evitar la monotonía que producirían seis tiempos presentes seguidos. También se ha sugerido que los tiempos pasados son lo que se llama en griego *el aoristo epistolar.* Los autores de cartas griegos tenían la costumbre de usar el pasado en vez del presente para ponerse en la posición del lector. Para *el escritor* de una carta, una cosa puede que fuera *presente,* porque estaba sucediendo en ese momento; pero para *el lector* de la carta sería *pasada,* porque para entonces ya habría sucedido. Para poner un ejemplo sencillo: Un escritor de carta griego podría decir igualmente bien: «Hoy voy al pueblo,» u «Hoy fui al pueblo.» Ese es el *aoristo epistolar* o del *autor de cartas.* Si fue así aquí, no hay realmente ninguna diferencia entre el *estoy escribiendo* y el *he escrito* de Juan.

Es más probable que la interpretación sea la siguiente. Cuando Juan dice *estoy escribiendo* está pensando en lo que está escribiendo en ese preciso momento y lo que todavía tiene que decir; pero cuando dice *he escrito* está pensando en lo que ya les ha escrito a sus corresponsales, y ellos lo han leído. El sentido sería entonces que la totalidad de la carta, la parte ya escrita, la que se está escribiendo y la que está por escribirse, todo está diseñado para recordarles a los cristianos quién y cúyos son, y qué se ha hecho por ellos.

Para Juan tenía una importancia suprema el que el cristiano recordara su posición y los beneficios que tenía en Jesucristo, porque estas cosas serían su defensa contra el error y contra el pecado.

## EN CADA ETAPA

*1 Juan 2:12-14 (continuación)*

El segundo problema que se nos presenta es más difícil, y también más importante. Juan usa tres títulos para dirigirse a los que está escribiendo: los llama *hijitos;* en el versículo 12 la palabra griega es *teknía,* y en el versículo 13 *paidía; teknía* indica un niño pequeño de edad, y *paidía* un niño pequeño en experiencia y, por tanto, necesitado de enseñanza y disciplina. Los llama *padres.* Los llama *jóvenes.* La cuestión es: ¿A quién está escribiendo Juan? Se han propuesto tres respuestas.

(i) Se ha sugerido que debemos tomar estas palabras como representando a tres grupos de edades en la iglesia —niños, padres y jóvenes. *Los niños* tienen la dulce inocencia de la niñez y del perdón. *Los padres* tienen la sabiduría madura que se alcanza con la experiencia cristiana. *Los jóvenes* tienen la fuerza que les permite ganar su batalla personal con el Maligno. Esto es de lo más atractivo; pero hay tres razones que nos hacen dudar de adoptarlo como el único sentido del pasaje.

(*a*) *Hijitos* es una de las expresiones favoritas de Juan. La usa también en 2:1,28; 3:7; 4:4; 5:21; y está claro que en los otros casos no está pensando en *niños* en términos de edad, sino en cristianos de los que él mismo es el padre espiritual. Para entonces debe de encontrarse muy cerca de los cien años de edad; todos los miembros de sus iglesias pertenecían a una generación mucho más joven, y para él eran todos niñitos de la misma manera que un maestro o profesor puede seguir hablando de sus *chicos* cuando ya son hombres hechos y derechos.

(*b*) El hecho de que el pasaje es poético nos hace pensar dos veces antes de adoptar una interpretación literal y prosaica tomando como intencionada una clasificación tan seca y exacta. El literalismo y la poesía no se dan fácilmente juntos.

(*c*) Tal vez la mayor dificultad está en que las bendiciones de las que habla Juan no son posesión exclusiva de ninguna edad. El perdón no pertenece exclusivamente a los niños; un cristiano puede ser joven en la fe y tener sin embargo una madurez maravillosa; la fuerza para vencer al tentador no pertenece —a Dios gracias— exclusivamente a la juventud. Estas bendiciones pertenecen a toda la vida cristiana y no solamente a una cierta edad.

No decimos que no haya una idea de grupos por edades en este pasaje. La hay sin duda; pero Juan tiene una manera de decir las cosas que se puede tomar de dos formas, una más estrecha y otra más amplia; y, aunque el sentido más estrecho también está aquí, debemos ir más allá de él para encontrar el significado pleno.

(ii) Se ha sugerido que hemos de encontrar aquí dos grupos. El razonamiento es que *hijitos* o *niñitos* describe a *los cristianos en general,* y que los cristianos en general se dividen en dos grupos: los padres y los jóvenes, es decir, los jóvenes y los ancianos, los maduros y los que no lo son todavía. Eso es perfectamente posible, porque el pueblo de Juan debe de haberse acostumbrado hasta tal punto a que él los llamara *hijitos míos* que no relacionarían esta expresión con una edad determinada, y todos se incluirían en esa categoría.

Se sugiere que en cada caso las palabras incluyen a *todos* los cristianos, y que no se pretende ninguna clasificación. *Todos* los cristianos parecen chiquillos, porque todos pueden recuperar la inocencia por el perdón de Jesucristo. *Todos* los cristianos son como padres, plenamente maduros, responsables, que pueden pensar y aprender su camino cada vez más profundamente hacia el pleno conocimiento de Jesucristo. *Todos* los cristianos son como los jóvenes, con una energía vigorosa para luchar y ganar sus batallas contra el tentador y su poder. Podemos empezar por tomar estas palabras como una clasificación de los cristianos en tres grupos, por edades; pero llegamos a ver que las bendiciones de cada grupo son las de todos los grupos, y que cada uno de nosotros se encuentra incluido en todos los grupos.

## LOS DONES DE DIOS EN CRISTO

*1 Juan 2:12-14 (conclusión)*

Este pasaje presenta claramente los dones de Dios a todos los hombres en Jesucristo.

(i) Está el don del *perdón por medio de Jesucristo*. Este era el mensaje esencial del Evangelio y de los primeros predicadores. Fueron enviados a predicar el arrepentimiento y el perdón de los pecados *(Lucas 24:47)*. Fue el mensaje de Pablo en Antioquía de Pisidia que a todos los hombres se proclamaba mediante Jesucristo el perdón de pecados *(Hechos 13:38)*. Ser perdonado es estar en paz con Dios, y ese es precisamente el don que Jesús trajo a los hombres.

Juan usa la curiosa frase *por medio de Su nombre* (versículo 12). El perdón viene *por medio del nombre* de Jesucristo. Los judíos usaban *el nombre* de una manera muy especial. El nombre no es simplemente la palabra por la que se llama a una persona; representa todo el carácter de una persona en tanto en cuanto se ha dado a conocer a los demás. Este uso es muy corriente en el *Libro de los Salmos*. «En Ti confiarán los que conocen Tu nombre» *(Salmo 9:10)*. Está claro que esto no quiere decir que los que saben que Dios se llama *Jehová* pondrán su confianza en Él, sino que los que conocen la naturaleza de Dios en tanto en cuanto ha sido revelada a los hombres estarán dispuestos a poner su confianza en Él, porque saben cómo es. El salmista ora: «Por amor de Tu nombre, oh Señor, perdona mi culpa» *(Salmo 25:11)*, que, para todos los intereses y propósitos quiere decir *por causa de Tu amor y misericordia*. La base de la oración del salmista es el carácter de Dios como él sabe que Dios es. «Por amor de Tu nombre —dice el salmista—, condúceme y guíame» *(Salmo 31:3)*. Puede presentar su petición solamente porque conoce *el nombre* —el carácter de Dios. «Algunos presumen de carros de combate —dice el salmista—, y otros de su caballería; pero nosotros confiamos en el nombre del Señor nuestro Dios»

*(Salmo 20:7)*. Algunas personas ponen su confianza en las cosas terrenales; pero nosotros confiaremos en Dios, porque conocemos Su naturaleza.

Así es que Juan quiere decir que se nos asegura el perdón porque conocemos el carácter de Jesucristo. Sabemos que en Él vemos a Dios. Vemos en Él el amor sacrificial y la paciente misericordia; por tanto sabemos que así es Dios, y por tanto podemos estar seguros de que hay perdón para nosotros.

(ii) Está el don del *creciente conocimiento de Dios*. Sin duda Juan estaba pensando en su propia experiencia. Ya era un hombre muy anciano; estaba escribiendo alrededor del año 100 d.C. Había vivido con Cristo setenta años, en los cuales había pensado en Él y llegado a conocerle mejor de día en día. Para los judíos, el conocimiento no era algo meramente intelectual. Conocer a Dios no era simplemente conocerle con el conocimiento del filósofo; era conocerle como se conoce a un amigo. En hebreo *conocer* se usa de la íntima relación entre el esposo y la esposa, y especialmente el acto sexual, la más íntima de todas las relaciones (cp. *Génesis 4:1*). Cuando Juan habla del creciente conocimiento de Dios no quería decir que el cristiano llegara a ser un teólogo eminente; quería decir que a lo largo de los años llegaría a una relación más íntima con Dios.

(iii) Está el *don de la fuerza victoriosa*. Juan considera la lucha con la tentación como una lucha personal. No habla en abstracto de conquistar el mal; habla de conquistar al Maligno. Ve el mal como un poder personal que trata de apartarnos de Dios. Una vez Robert Louis Stevenson, hablando de una experiencia que él nunca contó en detalle dice: «¿Conocéis la estación de ferrocarril de Edimburgo? *Una vez yo me encontré allí con Satanás.*» Seguramente no hay nadie que no haya experimentado el ataque del tentador, el asalto personal sobre su virtud o su lealtad. Es en Cristo en Quien recibimos el poder para resistir y vencer este ataque. Para tomar una analogía humana muy sencilla —todos sabemos que hay algunas personas en cuya presencia es fácil ser malo, y otras en cuya presencia es necesario ser bueno. Cuando andamos con Jesús, estamos andando con Alguien Cuya compañía nos puede permitir vencer los asaltos del Maligno.

## COMPITIENDO POR EL CORAZÓN HUMANO

**1 Juan 2:15-17**

> *No améis el mundo ni las cosas del mundo. Si uno ama el mundo, el amor del Padre no está en él; porque todo lo que hay en el mundo —el deseo de la carne, el deseo de los ojos, la vanagloria de la vida— no proceden del Padre, sino del mundo. Y el mundo y las cosas' del mundo que deseamos son pasajeros; pero el que hace la voluntad de Dios permanece para siempre.*

Era característico del mundo antiguo ver el mundo en términos de dos principios en conflicto. Lo vemos muy claramente en el zoroastrismo, la religión de los persas. Era una religión con la que los judíos habían estado en contacto, y que había dejado su impronta en el pensamiento judío. El zoroastrismo veía el mundo como el campo de batalla entre las fuerzas opuestas de la luz y de la oscuridad. El dios de la luz era Ahura-Mazdä, y el de la oscuridad Angra-Mainyu. Y la decisión suprema de la vida era qué lado se iba a servir. Todas las personas tenían que decidir aliarse ya fuera a la luz o a la oscuridad; ese era un dilema que los judíos conocían muy bien.

Pero para los cristianos la escisión entre el mundo y la Iglesia tenía otro trasfondo. Los judíos tenían desde hacía muchos siglos una creencia básica que dividía el tiempo en dos edades: *esta edad presente,* que era totalmente mala, y *la edad por venir,* que era la edad de Dios y, por tanto, totalmente buena. Era una creencia básica de los cristianos que en Cristo la era por venir había llegado, el Reino de Dios estaba ya aquí; pero el Reino de Dios no se había introducido en el mundo, ni había venido para el mundo, sino solamente a la Iglesia y para la Iglesia. De ahí que el cristiano estuviera abocado a trazar un contraste. La vida del cristiano dentro de la Iglesia era la de la era por venir, que era totalmente buena; por otra parte, el mundo estaba todavía viviendo en esta era presente, que era totalmente mala. La consecuencia inevitable de esta dualidad era una completa escisión entre la Iglesia y el mundo, entre los cuales no podría nunca haber ningún entendimiento, ni siquiera por compromiso temporal.

Pero debemos procurar entender debidamente lo que Juan quería decir por el mundo, el *kosmos*. El cristiano no odiaba *el mundo como tal*. Era la creación de Dios, y Dios lo había hecho bien. Jesús había amado la belleza del mundo; ni siquiera Salomón, con toda su gloria, se había vestido como una de las amapolas que florecían y morían en un día. Una y otra vez Jesús tomaba Sus ilustraciones del mundo. En ese sentido el cristiano no odiaba el mundo. La Tierra no pertenecía al diablo, sino era del Señor, con todo lo que contenía. Pero *kosmos* adquirió un sentido moral. Empezó por querer decir *el mundo que está separado de Dios*. C. H. Dodd define este sentido del *kosmos* diciendo: «Nuestro autor se refiere a la sociedad humana que se organiza sobre principios falsos y se caracteriza por deseos bajos, falsos valores y egoísmo.» En otras palabras: para Juan *el mundo no era más que la sociedad pagana,* con sus falsos valores y dioses falsos.

El mundo en este pasaje no quiere decir el mundo en general, porque Dios amaba al mundo que había hecho; quiere decir el mundo que, de hecho, había olvidado al Dios que lo había hecho.

Sucedía que había un factor en la situación del pueblo de Juan que hacía aún más peligrosas las circunstancias. Está claro que, aunque los cristianos fueran impopulares, no los estaban persiguiendo. Por tanto estaban bajo la tentación peligrosa de llegar a un acuerdo con el mundo. Siempre es difícil ser diferente de los demás, y el serlo se les hacía especialmente difícil a los cristianos en aquellas circunstancias.

Hasta día de hoy el cristiano no ha podido nunca evadirse de la obligación de ser diferente del mundo. En este pasaje Juan ve las cosas como siempre las veía: en blanco y negro. Como lo expresó Westcott: «No puede haber un vacío en el alma.» Esta es una cuestión en la que no cabe la neutralidad: o se ama el mundo, o se ama a Dios. Jesús mismo lo dijo: «Nadie puede servir a dos amos» *(Mateo 6:24)*. La decisión definitiva sigue siendo la misma. ¿Vamos a aceptar los principios del mundo, o los de Dios?

## UNA VIDA SIN FUTURO

*1 Juan 2:15-17* *(conclusión)*

Juan tiene dos cosas que decir acerca del que ama el mundo y se compromete con él.

Primera, presenta tres pecados que son típicos del mundo.

(i) Está *el deseo de la carne*. Esto quiere decir mucho más que lo que nosotros entendemos por *los pecados de la carne*. Muchas veces esto se limita exclusivamente a los pecados sexuales. Pero en el Nuevo Testamento *la carne* es la parte de nuestra naturaleza que, cuando está fuera de la gracia de Jesucristo, ofrece una cabeza de puente al pecado. De hecho incluye los pecados de la carne, pero también todas las ambiciones mundanas y los objetivos egoístas. El estar sujeto al deseo de la carne es juzgar todo lo que hay en el mundo con un baremo puramente materialista. Es vivir una vida dominada por los sentidos. Es ser glotón en la comida, rebuscado en el lujo, esclavo del placer, codicioso y relajado en la moral, egoísta en el uso de las posesiones, desinteresado en todos los valores espirituales, extravagante en la gratificación de los deseos materiales. El deseo de la carne no tiene en cuenta los mandamientos de Dios, ni Su juicio, ni Sus principios, ni aun la misma existencia de Dios. No tenemos por qué considerar estos como los pecados de los pecadores más groseros.

Cualquiera que busque un placer que pueda ser la ruina de cualquier otra persona; cualquiera que no tenga respeto a las personalidades de los demás cuando se trata de la gratificación de sus propios deseos; cualquiera que viva en lujo mientras otros vivan en pobreza; cualquiera que haya hecho un dios de su propia comodidad y ambición en cualquier parte de la vida, es siervo del deseo de la carne.

(ii) Está *el deseo de los ojos*. Este, como C. H. Dodd especifica, «es la tendencia a dejarse cautivar por las apariencias.» Es el espíritu que identifica la ostentación excesiva con la prosperidad real; que no puede ver nada sin desear poseerlo y que, una vez que lo posee, se pavonea y hace gala de ello. Es el espíritu que cree que la felicidad se halla en las cosas que se compran con dinero y que se pueden ver con los ojos; que no reconoce otros valores que los materiales.

(iii) Está *la vanagloria de la vida*. Aquí usa Juan una palabra griega de lo más gráfica, *alazoneía*. Para los antiguos moralistas, el *alazôn* era el hombre que pretendía tener más que nadie y valer más que nadie. El *alazôn* era el fanfarrón; y C. H. Dodd llama a la *alazoneía* un *egotismo desmedido*. Teofrasto, el gran maestro griego del estudio de los caracteres, tiene una viñeta del *alazôn*. Cuando está en un puerto, presume de los barcos que tiene en la mar; manda ostentosamente a un mensajero al banco, cuando no tiene ni una peseta en su cuenta; habla de los amigos que tiene entre los poderosos, y de las cartas de famosos que recibe; detalla extensamente sus contribuciones a la beneficencia y a los servicios del estado. Vive en una casa de alquiler, pero habla de comprar una casa más grande para poder celebrar fiestas lujosas. Su conversación versa continuamente en presumir de cosas que no posee, y se pasa la vida tratando de impresionar a todos los que encuentra con su importancia inexistente.

Según lo ve Juan, el hombre de mundo es el que lo juzga todo por sus apetencias, el que es esclavo de la ostentación desmedida, el presumido fanfarrón que trata de presentarse como mucho más de lo que es.

Y entonces viene la segunda advertencia de Juan. La persona que se adscribe a las metas y las maneras del mundo está dedicando la vida a cosas que, literalmente, no tienen ningún futuro. Todas estas cosas son pasajeras, y no tienen ninguna permanencia; pero la persona que ha puesto a Dios como el centro de su vida se entrega a cosas que duran para siempre. La persona del mundo está condenada a la desilusión; la que pertenece a Dios tiene seguro un gozo que nunca se acaba.

## EL TIEMPO DE LA ÚLTIMA HORA

*1 Juan 2:18*

> *Hijitos, ya es el tiempo de la última hora; y ya han surgido numerosos anticristos, precisamente como habéis oído que el Anticristo había de venir. Por eso sabemos que estamos en la última hora.*

Es importante que entendamos lo que Juan quiere decir cuando habla del tiempo de la última hora. La idea de los últimos días y de la última hora aparece en toda la Biblia; pero su significado tiene un desarrollo de lo más interesante.

(i) La frase se encuentra frecuentemente en los primeros libros del Antiguo Testamento. Jacob, por ejemplo, antes de su muerte reunió a sus hijos para decirles lo que les sucedería en los últimos días *(Génesis 49:1;* cp. *Números 24:14).* En aquel tiempo, los últimos días se refería a cuando el pueblo de Israel entrara en la Tierra Prometida, y llegara por fin a disfrutar de las bendiciones prometidas por Dios.

(ii) La frase aparece frecuentemente en los profetas. En los últimos días el Monte del Señor será establecido como el más alto de los montes, y se remontará por encima de las colinas, y todas las naciones fluirán hacia él *(Isaías 2:2; Miqueas 4:1).* En los últimos días la Santa Ciudad de Dios será suprema. E

Israel ofrecerá a Dios la perfecta obediencia que Le es debida (cp. *Jeremías 23:20; 30:24; 48:47).* En los últimos días se manifestará la soberanía de Dios.

(iii) En el Antiguo Testamento mismo y en el período entre el Antiguo y el Nuevo Testamento, los últimos días llegaron a asociarse con el Día del Señor. Esta es una concepción que se encuentra entretejida en la Escritura. Los judíos habían llegado a creer que todo el tiempo estaba dividido en dos edades. Entre *esta edad presente,* que era totalmente mala, y *la edad por venir,* que sería el tiempo dorado de la supremacía de Dios estaba el Día del Señor, los últimos días, que serían un tiempo de terror, de disolución cósmica y de juicio, los dolores de parto de la nueva edad.

La última hora no quiere decir un tiempo de aniquilación cuyo final fuera la gran nada total que hubo antes del principio. En el pensamiento bíblico, el último tiempo es el final de una edad y el principio de otra. Pero conduce, no a la destrucción del mundo, sino a la re-creación del mundo.

Aquí está el centro de la cuestión. Entonces se plantea la pregunta: «¿Será un hombre borrado en el juicio de lo viejo, o entrará en la gloria de lo nuevo?» Esa es la alternativa con que Juan —como todos los autores bíblicos— confronta a los hombres. Los hombres tienen la posibilidad de aliarse con el mundo antiguo, que está abocado a la disolución, o de aliarse con Cristo y entrar en el nuevo mundo, el verdadero mundo de Dios. Aquí está la urgencia. Si fuera un asunto sencillo de obliteración social, no se podría evitar; pero es cuestión de re-creación, y el que una persona entre o no en el nuevo mundo depende de que Le dé su vida a Cristo o no.

De hecho, Juan estaba equivocado. Aquella no era la última hora para el mundo. Han transcurrido diecinueve siglos, y el mundo sigue existiendo. ¿Pertenece toda esta idea a una esfera de pensamiento que hay que descartar? La respuesta es que en ella se encuentra algo de importancia eterna. *Todas las horas son la última hora.* Hay un conflicto continuo en el mundo entre el bien y el mal, entre Dios y lo que es anti-Dios. Y cada momento y en cada decisión una persona se enfrenta con la decisión de aliarse, ya sea con Dios, o con las fuerzas malas que están contra Dios; y de ahí saldrá, o dejará de salir, su participación en la vida eterna. El conflicto entre el bien y el mal no acaba nunca; por tanto, en un sentido muy real, cada hora es la última hora.

## EL ANTICRISTO

*1 Juan 2:18 (continuación)*

En este versículo encontramos una referencia al *Anticristo*. *Anticristo* es una palabra que no encontramos en el Nuevo Testamento nada más que en las cartas de Juan *(1 Juan 2:22; 4:3; 2 Juan 7);* pero es la expresión de una idea que es tan antigua como la religión misma.

Por su etimología, *Anticristo* puede tener dos significados. *Anti* es una preposición griega que puede querer decir, o *contra,* o *en lugar de. Stratêgos* es la palabra griega para *general,* y *antistratêgos* puede querer decir, o *el general enemigo,* o *el representante del general. Anticristo* puede querer decir, o el que se opone a Cristo, o uno que trata de ponerse en el lugar de Cristo. En este caso, el significado es casi el mismo, pero con una diferencia. Si tomamos el significado de *uno que se opone a Cristo,* la oposición está bien clara. Si tomamos el significado de *uno que trata de ponerse en el lugar de Cristo,* Anticristo puede ser uno que trata sutilmente de tomar el lugar de Cristo desde dentro de la Iglesia y de la comunidad cristiana. Uno representa una oposición abierta; el otro, una infiltración sutil. No tenemos necesidad de escoger entre estos dos significados, porque el Anticristo puede actuar de cualquiera de las dos maneras.

La manera más sencilla de considerarlo es que Cristo es la encarnación de Dios y de la bondad, y el Anticristo es la encarnación del diablo y del mal.

Ya hemos dicho que esta es una idea tan antigua como la religión misma; los hombres siempre han tenido la impresión de que en el universo hay un poder que está en oposición a Dios. Una de sus formas más antiguas se encuentra en la leyenda babilónica de la creación, según la cual hubo en el mismo principio un monstruo marino primigenio llamado Tiamat; este monstruo marino fue sometido por Marduk, pero no matado; estaba solamente dormido, y la batalla final estaba todavía pendiente. Esa idea mítica del monstruo primigenio aparece en el Antiguo Testamento una y otra vez, donde se le llama corrientemente Rahab o la serpiente astuta o Leviatán. «Tú quebrantaste a Rahab como a un herido de muerte,» dice el salmista *(Salmo 89:10)*. «Su mano traspasó a la serpiente tortuosa,» dice Job *(Job 26:13)*. Isaías dice hablando del Brazo del Señor: «¿No eres Tú el que despedazó a Rahab, el Que hirió al dragón?» *(Isaías 51:9)*. Isaías también escribe: «En aquel día castigará el Señor con Su espada dura, grande y fuerte a Leviatán, la serpiente veloz, a Leviatán, la serpiente tortuosa; y matará al dragón que está en el mar» *(Isaías 27:1)*. Esta idea pertenece a la niñez de la humanidad, y la idea a su base es que en el universo hay un poder hostil a Dios.

En su origen, este poder se concebía como el dragón. Inevitablemente, conforme fue pasando el tiempo, llegó a personificarse. Siempre que surgía un hombre malvado que parecía colocarse frente a Dios y empeñarse en destruir a Su pueblo había la tendencia a identificarle con esta fuerza anti-Dios. Por ejemplo, hacia el año 168 a.C. surgió la figura de Antíoco Epífanes, rey de Siria. Decidió hacer todo lo posible para eliminar el judaísmo: invadió Jerusalén, mató a millares de judíos y vendió docenas de millares como esclavos. El circuncidar a un niño o el poseer un ejemplar de la Ley se convirtió en un crimen que se castigaba con una muerte inmediata. Se erigió en los atrios del Templo un gran altar a Zeus, en el que se ofrecía carne de cerdo. Las cámaras del Templo se convirtieron en burdeles públicos. Aquí tenemos un esfuerzo a sangre fría para desarraigar la religión judía. Fue Antíoco el que Daniel llamó «la abominación que produce desolación» *(Daniel 11:31; 12:11)*. Aquí, pensaron los judíos, estaba la fuerza anti-Dios hecha carne.

Fue esta misma frase la que se tomó en los días del evangelio de Marcos para hablar de «la abominación de desolación» —«el Horror Demoledor,» como lo tradujo Moffatt— que estaba instalado en el Templo *(Marcos 13:14; Mateo 24:15)*. En este caso la referencia era a Calígula, el emperador romano más que medio loco que quería instalar su propia imagen en el Santo de los Santos del Templo. Se tenía la impresión de que esto era un acto del anti-Dios encarnado.

En *2 Tesalonicenses 2:3s,* Pablo habla del «hombre de pecado,» el que se exalta por encima de todo lo que se considera divino y de todo lo que recibe culto, y que se coloca en el mismo Templo de Dios. No sabemos a quién se refería Pablo, pero tenemos de nuevo este pensamiento de uno que era la encarnación de todo lo que se opone a Dios.

En *Apocalipsis* encontramos la bestia (13:1; 16:13; 19:20; 20:10). Aquí se trata probablemente de otra figura. Todo el mundo consideraba a Nerón un monstruo humano. Sus excesos repugnaban a los romanos, y su salvaje persecución torturaba a los cristianos. A su debido tiempo murió; pero había sido tan horriblemente malo que no se podía creer que hubiera muerto de veras. Así es que surgió la leyenda del *Nero redivivus,* —Nerón resucitado—, que decía que Nerón no estaba muerto, sino que había ido a Partia, y volvería con las hordas partas para lanzarse sobre la gente. Es la bestia, el Anticristo, la encarnación del mal.

A lo largo de toda la Historia se han venido haciendo estas identificaciones de figuras humanas con el Anticristo: el Papa, Napoleón, Mussolini, Hitler, han sido en su día identificados con esta figura. Pero el hecho es que el Anticristo no es tanto una persona como un principio, el principio que está activamente en contra de Dios y que bien se puede considerar encarnado en esos hombres de cada generación que han sido los enemigos declarados de Dios.

## LA BATALLA DE LA MENTE

*1 Juan 2:18* (conclusión)

Juan tiene un punto vista del Anticristo que le es característico. Para él la señal de que el Anticristo está en el mundo es la doctrina falsa y la enseñanza peligrosa de los herejes. La Iglesia había recibido suficientes advertencias de que en los últimos días surgirían falsos maestros. Jesús había dicho: «Vendrán muchos en Mi nombre diciendo: "Yo soy el Cristo;" y engañarán a muchos» *(Marcos 13:6;* cp. *Mateo 24:5)*. Antes de marcharse, Pablo había advertido a sus amigos de Éfeso: «Después de mi partida entrarán en medio de vosotros lobos rapaces que no perdonarán al rebaño. Y de entre vosotros mismos se levantarán hombres que hablarán cosas perversas para arrastrar tras sí discípulos» *(Hechos 20:29s)*. La situación que había sido anunciada había surgido.

Pero Juan tenía una opinión especial de esta situación. No pensaba en el Anticristo como una figura única e individual, sino más bien como un poder de falsedad que hablaba por medio de los falsos maestros. De la misma manera que el Espíritu Santo inspiraba a los verdaderos maestros y profetas, también había un mal espíritu inspirando a los falsos maestros y profetas.

El gran interés y relevancia de esto es que para Juan *el campo de batalla era la mente*. El espíritu del Anticristo estaba luchando con el Espíritu de Dios por la posesión de las mentes humanas. Lo que hace que esto sea tan significativo es que podemos ver exactamente este proceso en operación hoy. Se ha hecho una ciencia de la técnica de introducir ideas en la mente humana. Vemos a personas que toman una idea, y la repiten y la repiten y la repiten hasta que se asienta en las mentes de otros que empiezan a aceptarla como verdadera simplemente porque la han oído tan a menudo. Esto es hoy más fácil que nunca debido a la proliferación de los medios de comunicación de masas —libros, periódicos, radio, televisión, ordenadores y los innumerables recursos modernos de publicidad. Un propagandista habilidoso puede tomar una idea e infiltrarla en las mentes de las personas hasta que, sin ellos darse cuenta, la aceptan como propia. No decimos que Juan previera todo esto; pero sí vio la mente como el campo de operaciones del Anticristo. Juan ya no pensaba en términos de una figura demoníaca individual, sino en términos de una fuerza de maldad buscando insistentemente introducirse en las mentes de las personas. Y no hay nada más potente que esto para el mal.

Si hay una tarea especial que se le presente a la Iglesia hoy es aprender a usar el poder de los medios de comunicación de masas para contrarrestar las malas ideas con que se están bombardeando las mentes.

## LA CRIBA DE LA IGLESIA

*1 Juan 2:19-21*

*Han salido de entre nosotros, pero no son de nuestro número. Si hubieran sido de nuestro número, habrían permanecido con nosotros. Pero las cosas han sucedido como han sucedido para que quede demostrado claramente que todos ellos no son de nosotros. Pero vosotros habéis recibido la Unción del Santo, y todos poseéis conocimiento. No os he escrito esta carta como si no conocierais la verdad, sino precisamente porque la conocéis, y porque ninguna mentira procede de la verdad.*

Por cómo se han producido las cosas, Juan ve en la Iglesia un tiempo de zarandeo. Los falsos maestros habían salido voluntariamente de la comunidad cristiana; y ese hecho había dejado bien claro que realmente no formaban parte de ella. Eran ajenos, y su propia conducta lo había demostrado.

La última frase del versículo 19 puede tener uno de dos significados.

(i) Puede querer decir, como en nuestra traducción: «Todos ellos no son de nosotros,» o, como podríamos decir mejor: «Ninguno de ellos es de nosotros.» Es decir: que, por muy simpáticos que se hicieran algunos de ellos, y por muy elevada que pareciera su enseñanza, eran todos juntamente ajenos a la Iglesia.

(ii) Es posible que lo que la frase quiere decir sea que estos hombres habían salido de la Iglesia para dejar bien claro que «no todos los que están en la Iglesia pertenecen a ella realmente.» Como C. H. Dodd lo expresa: «La membresía de la Iglesia no es garantía de que una persona pertenezca a Cristo y no al Anticristo.» O como dice A. E. Brooke —aunque no está de acuerdo con que es ese el sentido del original—: «La membresía externa no es prueba de la unión interna.» Como Pablo había dicho: «Porque no todos los que son descendientes de Israel pertenecen a Israel» *(Romanos 9:6)*. Un tiempo como el que había venido sobre el pueblo de Juan tenía su valor, porque cribaba lo falso de lo verdadero.

En el versículo 20, Juan pasa a recordarle a su pueblo que todos ellos poseen conocimiento. Los que habían salido eran gnósticos, que pretendían que se les había dado a ellos un conocimiento secreto, especial y avanzado, que no estaba a disposición de los cristianos ordinarios. Juan les recuerda a los suyos que, en asuntos de fe, el más humilde cristiano no tiene por qué tener ningún sentimiento de inferioridad ante el investigador más erudito. Es verdad que hay asuntos de investigación técnica, de lenguaje, de historia, que hay que reservarle al experto; pero las cosas esenciales de la fe son posesión de cada uno.

Esto condujo a Juan al último punto de esta sección. Les escribe, no porque no conocieran la verdad, sino porque la conocían. Westcott lo expresa de la siguiente manera: «El objetivo del apóstol al escribir no era comunicar un conocimiento nuevo, sino sacar a un uso activo y decisivo el conocimiento que ya poseían sus lectores.» La más grande defensa cristiana consiste sencillamente en recordar lo que ya sabemos.

Lo que nos hace falta no es una nueva verdad, sino que la
verdad que ya conocemos se convierta en activa y efectiva en
nuestra vida.

Este es un enfoque que Pablo usa constantemente. Les
escribe a los tesalonicenses: «Acerca del amor fraternal no
tenéis necesidad de que se os escriba, porque vosotros mismos
habéis aprendido de Dios a amaros unos a otros» *(1 Tesalonicenses 4:9)*. Lo que necesitaban no era una nueva verdad,
sino poner en práctica la verdad que ya conocían. Escribe a los
romanos: «En cuanto a mí, estoy satisfecho por lo que respecta
a vosotros, hermanos míos, de que estéis llenos de bondad,
henchidos de todo conocimiento, y seáis capaces de instruiros
mutuamente. Pero sobre algunas cuestiones me he atrevido a
escribiros, por la gracia de Dios que se me ha concedido, para
haceros recordar» *(Romanos 15:14s)*. Lo que necesitaban no
era tanto que se les enseñara como que se les recordara.

Es un hecho indiscutible de la vida cristiana que las cosas
cambiarían inmediatamente conque nosotros pusiéramos en
práctica lo que ya sabemos. Eso no es decir que no tenemos
necesidad de aprender ninguna cosa nueva; pero sí es decir que,
aun como somos, tenemos suficiente luz para caminar en ella
si estamos dispuestos a usarla.

## LA MENTIRA CAPITAL

**1 Juan 2:22s**

> *¿Quién es el mentiroso sino el que niega que Jesús
> es el Ungido de Dios? El Anticristo es el que niega al Pa-
> dre y al Hijo. El que niegue al Hijo, tampoco tiene al Padre;
> y el que reconozca al Hijo, tiene también al Padre.*

Como ha dicho alguien, negar que Jesús es el Cristo es la
mentira capital, la mentira *par excellence,* la mentira más
grande de todas las mentiras.

Juan dice que, el que niegue al Hijo, tampoco tiene al Padre. Lo que se encuentra tras este dicho es lo siguiente. Los falsos maestros presentaban su postura diciendo: «Puede ser que tengamos ideas diferentes de las vuestras acerca de *Jesús;* pero vosotros y nosotros tenemos la misma doctrina acerca de *Dios.*» La respuesta de Juan es que esa es una postura imposible; ninguna persona puede negar al Hijo si pretende tener al Padre; o negar al Padre si pretende tener al Hijo. ¿Cómo llega a esta conclusión?

Llega a ella porque nadie que acepte la enseñanza del Nuevo Testamento puede llegar a otra. Es la enseñanza consecuente del Nuevo Testamento, y es lo que Jesús dice acerca de Sí mismo: que, aparte de Él, nadie puede conocer a Dios. Jesús dijo claramente que nadie conoce al Padre excepto el Hijo, y aquel a quien el Hijo le revele ese conocimiento *(Mateo 11:27; Lucas 10:22).* Jesús dijo: «El que cree en Mí, no cree sólo en Mí, sino también en el Que Me envió; y el que Me ve a Mí, ve al Que Me envió» *(Juan 12:44s).* Cuando, hacia el fin de Su vida, Felipe dijo que se conformaban con que Jesús les mostrara al Padre, la respuesta de Jesús fue: «El que Me ha visto, ha visto al Padre» *(Juan 14:6-9).* Es a través de Jesús como se llega a conocer a Dios; es en Jesús donde se puede uno acercar a Dios. Si Le negamos a Jesús el derecho a hablar, si negamos Su conocimiento especial y su relación especial con Dios, no podemos seguir teniendo confianza en lo que Él dice. Sus palabras no pasarían de ser las suposiciones que podría hacer cualquier hombre bueno y grande. Aparte de Jesús no tenemos ningún conocimiento seguro de Dios; negarle a Él es al mismo tiempo perder todo contacto con Dios.

Jesús afirma que la reacción que se tenga con Él es la misma que se tiene con Dios, y que de ella depende el destino en el tiempo y en la eternidad. Jesús dijo: «A cualquiera que Me confiese delante de los hombres, Yo también le confesaré delante de Mi Padre que está en el Cielo; y a cualquiera que Me niegue delante de los hombres, Yo también le negaré delante de Mi Padre Que está en el Cielo» *(Mateo 10:32s).*

Negar a Jesús es estar separado de Dios, porque nuestra relación con Dios depende de nuestra reacción a Jesús.

Negar a Jesús es sin duda *la mentira capital,* porque es perder totalmente la fe y el conocimiento que Él solo hace posible.

Podemos decir que hay tres confesiones de Jesús en el Nuevo Testamento. Está la confesión de que Él es *el Hijo de Dios (Mateo 16:16; Juan 9:35-38);* está la confesión de que Él es *el Señor (Filipenses 2:11);* y está la confesión de que Él es *el Mesías (1 Juan 2:22).* La esencia de cada una de ellas es la afirmación de que Jesús tiene una relación única con Dios. Y negar esa relación es negar la certeza de que todo lo que Jesús dijo acerca de Dios es verdad. La fe cristiana depende de la relación única de Jesús con Dios. Juan, por tanto, tiene razón: el que niegue al Hijo, también ha perdido al Padre.

## EL PRIVILEGIO UNIVERSAL

**1 Juan 2:24-29**

*Si lo que habéis oído desde el principio permanece dentro de vosotros, vosotros también permaneceréis en el Hijo y en el Padre. Y esta es la promesa que Él os ha hecho: la vida eterna.*

*Os estoy escribiendo estas cosas para advertiros acerca de los que están tratando de descarriaros. En cuanto a vosotros, si esa Unción que habéis recibido de Él permanece en vosotros, no tenéis necesidad de que nadie os enseñe. Pero, como Su Unción os enseña acerca de todas las cosas y es verdadera y no es mentira, y como Él os ha enseñado, permaneced en Él. Así que, hijitos, permaneced en Él para que, cuando aparezca, tengáis confianza y no os escondáis de Él avergonzados en Su Venida. Como sabéis que Él es justo, debéis daros cuenta de que cualquiera que obra justicia es nacido de Él.*

Juan está exhortando a los suyos para que permanezcan en las cosas que han aprendido; porque así permanecerán en Cristo. El gran interés de este pasaje se encuentra en una expresión que Juan ha usado ya. En el versículo 20 ya ha hablado de *la unción* que los suyos han recibido del Santo y por medio de la Cual todos ellos están equipados con conocimiento. Aquí habla de la unción que ellos han recibido y que les enseña todas las cosas. ¿Qué pensamiento hay detrás de esta palabra, *unción?* Tendremos que remontarnos considerablemente en el pensamiento hebreo para descubrirlo.

En la práctica y el pensamiento hebreos la unción se relacionaba con tres clases de personas. (i) *Los sacerdotes* eran ungidos. La prescripción ritual dice: «Luego tomarás el aceite de la unción, lo derramarás sobre su cabeza y le ungirás» *(Éxodo 29:7;* cp. *40:13; Levítico 16:32).* (ii) *Los reyes* eran ungidos. Samuel ungió a Saúl como rey de la nación *(1 Samuel 9:16; 10:1).* Más tarde Samuel también ungió a David como rey *(1 Samuel 16:3,12).* A Elías se le ordenó que ungiera a Hazael y a Jehú *(1 Reyes 19:15s).* La unción equivalía a la coronación. (iii) *Los profetas* eran ungidos. A Elías se le mandó que ungiera a Eliseo como sucesor suyo *(1 Reyes 19:16).* El Señor había ungido al Profeta para que diera buenas nuevas a la nación *(Isaías 61:1).*

Así es que aquí encontramos la primera cosa significativa. En los días antiguos, el recibir la unción había sido el privilegio de unos pocos escogidos: los sacerdotes, los reyes y los profetas; pero ahora es el privilegio de todos los cristianos, por muy humildes que sean. Así es que la unción representa el privilegio que tiene el cristiano en Jesucristo.

Al sumo sacerdote se le llamaba *el ungido;* pero el supremo *Ungido* era *el Mesías (Mesías* es la palabra hebrea que quiere decir *el Ungido,* lo mismo que *Jristós* en griego). Así es que Jesús fue *el Ungido* en grado superlativo. Entonces surgió la cuestión: ¿Cuándo fue ungido Jesús? La respuesta que ha dado siempre la Iglesia es que *en Su bautismo* Jesús fue ungido con el Espíritu Santo *(Hechos 10:38).*

En el mundo griego también se conocía y practicaba la unción. Era una de las ceremonias de iniciación en las religiones misteriosas que pretendían ofrecer al hombre un conocimiento especial de Dios. Sabemos que por lo menos algunos de los falsos maestros pretendían tener una unción especial que les aportaba un conocimiento especial de Dios. Hipólito nos dice que esos falsos maestros decían: «Nosotros somos los únicos entre todos los cristianos que completamos el misterio en el tercer portal y somos allí ungidos con una unción inefable.» La respuesta de Juan es que es el cristiano normal y corriente el que tiene la única verdadera unción, la unción que da Jesús.

¿Cuando recibió esa unción el cristiano, y en qué consiste?

La primera pregunta es fácil de contestar. No había nada más que una ceremonia por la que todos los cristianos pasaban, y era *el bautismo;* de hecho era costumbre en un tiempo algo posterior el ungir al bautizado con el óleo santo, como nos dice Tertuliano.

La segunda pregunta no es tan fácil. Hay, de hecho, dos respuestas igualmente aceptables.

(i) Puede ser que la unción quiera decir la venida del Espíritu sobre el cristiano sobre el bautismo. En la Iglesia Primitiva aquello sucedía de una manera constatable *(Hechos 8:17).* Si en este pasaje sustituyéramos *la unción* por *el Espíritu Santo* obtendríamos un sentido excelente.

(ii) Pero hay otra posibilidad. Los versículos 24 y 27 son casi exactamente paralelos en la expresión. En el 24 leemos: «Que lo que habéis oído desde el principio permanezca en vosotros.» Y en el 27 leemos: «Pero la unción que recibisteis de Él permanece en vosotros.» *Lo que habéis recibido desde el principio* y *la unción* son expresiones paralelas. Por tanto, bien puede ser que la unción que recibe el cristiano sea la instrucción en la fe cristiana que se le da desde el principio de su entrada en la Iglesia.

Bien puede ser que no tengamos que escoger entre estas dos interpretaciones, y que las dos estén presentes en este pasaje.

Esto querría decir algo muy valioso: que tenemos dos comprobantes por los que podemos juzgar cualquier nueva enseñanza que se nos ofrezca. (i) ¿Está de acuerdo con la tradición cristiana que se nos ha enseñado? (ii) ¿Está de acuerdo con el testimonio interno del Espíritu Santo?

Aquí tenemos dos criterios cristianos de la verdad. Hay una comprobación *externa*. Toda enseñanza debe estar de acuerdo con la tradición que nos han transmitido la Escritura y la Iglesia. Hay una comprobación *interna*. Toda enseñanza debe pasar la prueba del testimonio del Espíritu Santo en nuestro corazón.

## PERMANECIENDO EN CRISTO

*1 Juan 2:24-29 (conclusión)*

Antes de salir de este pasaje debemos notar dos grandes cosas prácticas.

(i) En el versículo 28, Juan exhorta a los suyos a permanecer constantemente en Cristo para que cuando Él vuelva en poder y gloria no tengan que acobardarse ante Él avergonzados. Con mucho la mejor manera de estar preparados para la venida de Cristo es vivir con Él todos los días. Si lo hacemos así, Su Venida no será ninguna sorpresa terrible, sino simplemente la entrada en una presencia más próxima de Alguien con Quien hemos vivido largo tiempo.

Aunque tengamos dudas y dificultades acerca de la Segunda Venida física de Cristo, esto sigue siendo cierto: que para cualquier persona la vida llegará algún día a su fin. La cita con Dios llega a todos para que nos levantemos y digamos adiós a este mundo. Si no hemos pensado nunca en Dios, y si Jesús no ha sido para nosotros más que una memoria imprecisa y distante, la Suya será como una llamada a un viaje terrible a un lugar desconocido; pero si hemos vivido conscientemente en la presencia de Cristo y día a día hemos andado y hablado con Dios, esa será una llamada para volver a casa y entrar a una presencia más íntima con Uno que no es un extraño, sino un Amigo.

(ii) En el versículo 29 Juan vuelve al pensamiento que no está nunca lejos de su mente. La única manera en que una persona puede demostrar que permanece en Cristo es por la integridad de su vida. Lo que una persona profese ser lo probará o desmentirá su manera de vivir.

## RECUERDA LOS PRIVILEGIOS DE LA VIDA CRISTIANA

*1 Juan 3:1s*

*¡Fijaos qué clase de amor nos ha concedido el Padre: que se nos llamara los hijos de Dios! —Y eso es lo que somos en realidad. La razón por la que el mundo no nos reconoce es que no Le reconoció a Él.*

*Amados, aun tal como están las cosas, somos los hijos de Dios; y todavía no se ha aclarado lo que seremos. Sabemos que, cuando se aclaren, seremos como Él, porque Le veremos como Él es.*

Juan empieza demandando que los suyos recuerden sus privilegios. Es un privilegio el que nos llamen *los hijos de Dios.* Hay algo importante hasta en el nombre. Crisóstomo, en un sermón sobre *Criar hijos,* aconseja a los padres que den a su hijo algún gran nombre bíblico, y que le enseñen insistentemente la historia del que llevó originalmente ese nombre, y así le den un modelo al que ajustar su vida cuando se haga mayor. Así que el cristiano tiene el privilegio de ser llamado hijo de Dios. De la misma manera que el pertenecer a una gran escuela, a un gran regimiento, a una gran iglesia, a una gran familia es una inspiración para vivir dignamente, así también, y aún más, el llamarse con el nombre de la familia de Dios es algo que debe ayudar a mantener los pies en el buen camino, y a seguir adelante y hacia arriba.

Pero, como Juan señala, no se trata solamente de que *se nos llame* los hijos de Dios; *somos* los hijos de Dios.

Hay aquí algo que debemos notar. Es don de Dios el que una persona llegue a ser hija de Dios por naturaleza. Uno es *criatura* de Dios, pero por gracia *llega a ser* hijo de Dios. Hay dos palabras lingüísticamente relacionadas, pero semánticamente diferentes: *paterno* y *paternal. Paterno* describe una relación en la que un hombre es responsable de la existencia física de un hijo; y *paternal* describe una relación íntima amorosa. En el sentido de la *paternidad,* todos los seres humanos son hijos de Dios; pero en cuanto a la *paternalidad,* solo son hijos de Dios cuando Él inicia en Su gracia la relación con ellos, y ellos responden.

Hay dos imágenes, una en el Antiguo Testamento y la otra en el Nuevo, que presentan esta relación clara y gráficamente. En el Antiguo Testamento encontramos *la idea del pacto.* Israel es el pueblo del pacto con Dios; lo que esto quiere decir es que Dios, por propia iniciativa, se había acercado especialmente a Israel para ser exclusivamente su Dios, y que ellos fueran exclusivamente Su pueblo. Como parte integral del pacto, Dios dio la Ley a Israel, y la relación del pacto dependía de que Israel cumpliera la Ley.

En el Nuevo Testamento encontramos la idea de *la adopción (Romanos 8:14-17; 1 Corintios 1:9; Gálatas 3:26s; 4:6s).* Aquí encontramos la idea de que por un deliberado hecho de adopción de parte de Dios el cristiano entra en Su familia.

Mientras que todos los hombres son hijos de Dios en el sentido de que Le deben la vida a Él, llegan a ser Sus hijos en el sentido íntimo y amoroso del término solamente por un acto de la gracia íntima de Dios y la respuesta de sus corazones.

Automáticamente surge la pregunta: Si los seres humanos reciben ese gran honor cuando se hacen cristianos, ¿por qué los desprecia tanto el mundo? La respuesta es que están experimentando simplemente lo que Jesucristo experimentó antes.

Cuando Él vino al mundo, no Le reconocieron como el Hijo de Dios; el mundo prefería sus propias ideas, y Le rechazó. Lo mismo ha de sucederle a cualquier persona que decida libremente embarcarse en la empresa de Jesucristo.

## RECUERDA LAS POSIBILIDADES DE LA VIDA CRISTIANA

*1 Juan 3:1s (conclusión)*

A continuación, Juan comienza a recordarles a los suyos los privilegios de la vida cristiana. Pasa a presentarles lo que es en muchos sentidos una verdad todavía más tremenda: el gran hecho de que *esta vida es solo el principio.* Aquí muestra Juan el único agnosticismo verdadero. Tan grande es el futuro y su gloria que él ni siquiera se atreve a suponer cómo será, o a tratar de expresarlo con palabras, que serían por fuerza inadecuadas. Pero hay ciertas cosas que sí dice acerca de ese futuro.

(i) Cuando Cristo aparezca en Su gloria, seremos como Él. Sin duda Juan tenía en mente el dicho de la antigua historia de la Creación de que el hombre fue hecho a imagen y semejanza de Dios *(Génesis 1:26).* Ese era el propósito de Dios; y ese era el destino del hombre. No tenemos más que mirarnos al espejo para ver lo lejos que ha caído el hombre de ese destino. Pero Juan cree que en Cristo el hombre lo alcanzará por fin, y tendrá la imagen y la semejanza de Dios. Juan cree que solamente por medio de la obra de Cristo en el alma puede una persona llegar a la verdadera humanidad que Dios tenía previsto que alcanzara.

(ii) Cuando Cristo aparezca, Le veremos y seremos como Él. La meta de todas las almas grandes ha sido siempre la visión de Dios. El fin de toda devoción es ver a Dios. Pero la visión beatífica no es para la satisfacción de la inteligencia; es para que lleguemos a ser como Él. Hay aquí una paradoja: no podemos llegar a ser como Dios a menos que Le veamos, y no podemos verle a menos que seamos puros de corazón, porque solamente los puros de corazón verán a Dios *(Mateo 5:8)*. Para ver a Dios necesitamos la pureza que solamente Él puede dar. No hemos de pensar en esta visión de Dios como algo que solamente pueden disfrutar los grandes místicos. Existe en algún lugar la historia de un hombre pobre y sencillo que iba a menudo a orar en una catedral; siempre se ponía a orar de rodillas delante del crucifijo; pero alguien notó que, aunque estaba arrodillado en actitud de oración, nunca movía los labios ni parecía decir nada. Le preguntó qué estaba haciendo así de rodillas, y el hombre contestó: «Yo Le miro a Él, y Él me mira a mí.» Esa es la visión de Dios en Cristo que puede tener al alma más sencilla; y el que mira suficientemente a Jesucristo llega a parecerse a Él.

Todavía debemos notar otra cosa. Juan está pensando aquí en términos de la Segunda Venida de Cristo. Puede ser que podamos pensar en los mismos términos; o puede ser que no podamos creer tan literalmente en la Venida de Cristo en gloria. Sea como fuere, vendrá para cada uno de nosotros el día cuando veamos a Cristo y contemplemos Su gloria. Aquí hay siempre un velo de sentido y tiempo, pero el día llegará cuando también el velo se rasgará. Esa es la esperanza cristiana, y la inefable perspectiva de la vida cristiana.

## LA OBLIGACIÓN DE LA PUREZA

*1 Juan 3:3-8*

*Cualquiera que tenga esta esperanza en Él se va purificando así como Él es puro. Todo el que comete pecado quebranta la Ley, porque el pecado es transgresión de la Ley; y sabéis que Él apareció para quitar nuestros pecados, y que no hay pecado en Él. Todo el que mora en Él no peca. El que peca, no Le ha visto ni*

*Le conoce. Hijitos, que nadie os engañe: El que obra con integridad es íntegro, lo mismo que Él es íntegro. El que peca habitualmente es del Diablo, porque el Diablo es pecador desde el principio. Para lo que apareció el Hijo de Dios fue para destruir las obras del Diablo.*

Juan acaba de decir que el cristiano está de camino hacia ver a Cristo y ser como Él. No hay nada que ayude tanto a una persona a resistir la tentación como un gran objetivo. Cierto novelista traza el retrato de un joven que siempre se negaba a tomar parte en los placeres más bajos a los que sus camaradas le invitaban a menudo y hasta le desafiaban. Su explicación era que algún día algo maravilloso iba a entrar en su vida, y que debía mantenerse preparado para ello. El que sabe que Dios está esperándole al final del camino hará que toda su vida sea una preparación para ese encuentro.

Este pasaje se dirige contra los falsos maestros gnósticos. Como ya hemos visto, presentaban más de una razón para justificar el pecado. Decían que el cuerpo era malo de todas maneras, y que por tanto no había ningún peligro en satisfacer sus deseos, porque lo que sucediera con el cuerpo no tenía importancia. Decían que el hombre realmente espiritual estaba tan pertrechado por el Espíritu que podía pecar todo lo que le diera la gana sin sufrir ningún daño. Hasta decían que los verdaderos gnósticos tenían la obligación, tanto de escalar las alturas como de sondear las simas, para así poder decir que conocía todas las cosas. Por detrás de la respuesta de Juan hay una especie de análisis del pecado.

Empieza por insistir en que no hay nadie que esté por encima de la ley moral. Nadie puede decir que no corre riesgos al permitirse ciertas cosas, aunque sean peligrosas para otros. Como lo expresa A. E. Brooke: «La prueba del progreso está en la obediencia.» El progreso no nos confiere el privilegio de pecar; cuanto más avanzado esté un hombre, tanto más disciplinado será su carácter. Juan pasa a deducir ciertas verdades básicas acerca del pecado.

(i) Nos dice *lo que es el pecado*. Es quebrantar conscientemente una ley que se conoce. El pecado es obedecerse a uno mismo en lugar de obedecer a Dios.

(ii) Nos dice *lo que hace el pecado*. Deshace la obra de Cristo. Cristo es el Cordero de Dios que quita el pecado del mundo *(Juan 1:29)*. El pecado vuelve a traer lo que Él vino al mundo a abolir.

(iii) Nos dice *el porqué del pecado*. Viene de no conseguir permanecer en Cristo. No tenemos por qué pensar que esta es una verdad solamente para los místicos avanzados. Quiere decir sencillamente esto: siempre que recordemos la presencia continua de Jesús con nosotros, no pecaremos; es cuando olvidamos esa presencia cuando pecamos.

(iv) Nos dice *de dónde procede el pecado*. Procede del Diablo, y el Diablo es el que peca, como si dijéramos, por principio. Es probable que sea ese el sentido de la frase *desde el principio* (versículo 8). Nosotros pecamos por el placer que suponemos que nos producirá; el Diablo peca por cuestión de principio. El Nuevo Testamento no trata de explicar el origen y la naturaleza del Diablo; pero está completamente convencido —y es un hecho de la experiencia universal— de que hay en el mundo un poder hostil a Dios; y pecar es obedecer a ese poder en lugar de a Dios.

(v) Nos dice *cómo se conquista el pecado*. Se conquista porque Jesucristo ha destruido las obras del Diablo. El Nuevo Testamento presenta a menudo al Cristo que se enfrentó con los poderes del mal y los conquistó *(Mateo 12:25-29; Lucas 10:18; Colosenses 2:15; 1 Pedro 3:22; Juan 12:32)*. Él ha quebrantado el poder del Diablo, y con Su ayuda esa misma victoria puede ser nuestra.

*1 JUAN*

## EL QUE HA NACIDO DE DIOS

**1 Juan 3:9**

> *El que ha nacido de Dios no comete pecado, porque Su simiente mora en él; y no puede ser un pecador constante y deliberado porque ha nacido de Dios.*

Este versículo está erizado de dificultades; y sin embargo está claro que es de primera importancia el descubrir lo que quiere decir.

En primer lugar, ¿qué quiere decir Juan con la frase: *«Porque Su simiente mora en él»?* hay tres posibilidades.

(i) La Biblia usa corrientemente la palabra *simiente* queriendo decir la familia y los descendientes de un hombre. Abraham y su *simiente* han de guardar el pacto de Dios *(Génesis 17:9).* Dios hizo Su promesa a Abraham y a su *simiente* para siempre *(Lucas 1:55).* Los judíos pretenden ser *la simiente* de Abraham *(Juan 8:33,37).* En *Gálatas 3,* pablo habla acerca de la *simiente* de Abraham *(Gálatas 3:16,29).* Si tomamos la palabra *simiente* en ese sentido aquí, tenemos que tomar *él* como refiriéndose a Dios, y entonces obtenemos un sentido muy bueno: «Cualquiera que es nacido de Dios no peca, porque la familia de Dios mora constantemente en Dios.» La familia de Dios vive tan cerca de Él que puede decirse que habita en Él. El hombre que vive así tiene una fuerte defensa contra el pecado.

(ii) Es la simiente humana la que produce la vida humana, y el hijo se puede decir que tiene la simiente de su padre en sí. Ahora bien, el cristiano es nacido de nuevo mediante Dios, y por tanto tiene la simiente de Dios en sí. Esta era una idea con la que los del tiempo de Juan estaban muy familiarizados. Los gnósticos decían que Dios había plantado semillas en este mundo, y por la acción de estas semillas el mundo se iba perfeccionando, y pretendían que eran los gnósticos verdaderos los que habían recibido estas semillas. Algunos gnósticos decían que el cuerpo del hombre era algo material y vil; pero en algunos cuerpos la Sabiduría había sembrado secretamente semillas, y los hombres verdaderamente espirituales tenían estas semillas de Dios por almas. Esto estaba íntimamente relacionado con la creencia estoica de que Dios era un Espíritu de fuego, y el alma humana, lo que le daba la vida y la razón, era una chispa *(scintilla)* de ese fuego divino que había venido de Dios para residir en un cuerpo humano.

Si tomamos las palabras de Juan en este sentido quieren decir que todo nacido de nuevo tiene la simiente de Dios en él, y que, por tanto, no puede pecar. No cabe duda de que los lectores de Juan conocerían esta idea.

(iii) Hay una idea mucho más sencilla. Por lo menos dos veces en el Nuevo Testamento *la palabra de Dios* es la que se dice que produce el nuevo nacimiento. Santiago escribe: «Él, de Su voluntad, nos hizo nacer por la palabra de verdad, para que seamos primicias de Sus criaturas» *(Santiago 1:18)*. La palabra de Dios es como la simiente de Dios que produce nueva vida. Pedro expresa esta idea aún más claramente: «Pues habéis nacido de nuevo, no de simiente corruptible, sino incorruptible: la palabra de Dios, que vive y permanece para siempre» *(1 Pedro 1:23)*. Aquí *la palabra de Dios* se identifica claramente con *la simiente incorruptible de Dios*. Si lo tomamos en este sentido, Juan quiere decir que el que es nacido de Dios no puede pecar porque tiene la fuerza y la dirección de la palabra de Dios en su interior. Este tercer sentido es el más sencillo, y en general el mejor. El cristiano está protegido del pecado por el poder de la palabra de Dios que mora en él.

## EL QUE NO PUEDE PECAR

### *1 Juan 3:9* *(conclusión)*

En segundo lugar, este versículo nos presenta un problema cuando lo comparamos con algunas otras cosas que ya ha dicho

Juan acerca del pecado. Pongamos este versículo tal como se
encuentra en la versión Reina-Valera '95:

> *Todo aquel que es nacido de Dios no practica el*
> *pecado, porque la simiente de Dios permanece en él; y*
> *no puede pecar, porque es nacido de Dios.*

Tomándolo en su valor facial, esto quiere decir que es
imposible que peque el que es nacido de Dios. Ahora bien, Juan
ya ha dicho: «Si decimos que no hay pecado en nosotros, nos
engañamos a nosotros mismos y en nosotros no está la verdad;»
y «Si decimos que no hemos hecho nunca nada malo, Le
dejamos a Él por mentiroso;» y nos exhorta a confesar nuestros
pecados *(1 Juan 1:8-10).* Luego pasa a decir: «Si pecamos,
tenemos un abogado con el Padre en la persona de Jesucristo.»
Según parece, aquí hay una contradicción. En un lugar, Juan
está diciendo que el hombre no puede ser nada más que pecador, y que hay una expiación por su pecado. En el otro lugar
está diciendo, lo mismo de claro, que el hombre que es nacido
de Dios no puede pecar. ¿Cuál es la explicación?

(i) Juan pensaba en categorías judías, porque no podía hacer
otra cosa. Ya hemos visto que conocía y aceptaba el esquema
judío de las dos edades, *esta edad presente,* y *la edad por venir.*
Ya hemos visto también que Juan creía que, fuera como fuera el mundo, los cristianos, en virtud de la obra de Cristo, ya
habían entrado en la nueva edad. Era precisamente una de las
características de la nueva edad el que los que vivieran en ella
estarían libres del pecado. En *Henoc* leemos: «Entonces también se concederá sabiduría a los elegidos, y vivirán todos *sin*
*pecar jamás otra vez,* ni por ignorancia ni por orgullo» *(Henoc*
*5:8).* Si eso es cierto de la nueva edad, debería ser verdad de
los cristianos que ya estamos viviendo en ella. Pero, de hecho,
no es todavía cierto, porque los cristianos no han escapado
todavía del poder del pecado. Podríamos entonces decir que en
este pasaje Juan está estableciendo el *ideal* de lo que debería
ser, y en los otros dos pasajes reconoce *la actualidad* tal como

es. Podríamos decir que conoce el ideal y confronta con él a los hombres; pero también encara los hechos, y ve la cura que hay en Cristo para ellos.

(ii) Eso puede que sea así; pero hay más en ello. En el original griego hay una diferencia sutil en los términos que introduce una gran diferencia en el sentido. En *1 Juan 2:1,* la exhortación de Juan es *que no pequéis.* En ese versículo *pecar* está en el tiempo *aoristo,* que indica un hecho particular y definido. Así que lo que Juan está diciendo claramente es que los cristianos no deben cometer pecados concretos; pero si resbalan en algún pecado, tienen en Cristo un abogado Que defiende su causa, y un sacrificio que les otorga el perdón. Por otra parte, en este pasaje, *pecar* está en el *presente,* e indica una acción habitual.

Lo que Juan está diciendo se puede colocar en cuatro etapas. (*a*) El ideal es que en la nueva edad el pecado haya desaparecido para siempre. (*b*) Los cristianos deben tratar de hacer eso realidad, y con la ayuda de Cristo luchar para evitar actos individuales de pecado. (*c*) De hecho todos tenemos recaídas, y cuando nos sucede esto debemos humildemente confesárselo a Dios, Que siempre perdonará al corazón contrito y humillado. (*d*) A pesar de eso, ningún cristiano debe ser un pecador deliberado y constante. Ningún cristiano debe vivir una vida en la que el pecado domine sus acciones.

Juan no está colocando delante de nosotros un perfeccionismo aterrador; pero está demandando una vida que esté siempre vigilante contra el pecado, una vida en la que el pecado no sea normalmente aceptado, sino que se produce a veces en un momento anormal de debilidad. Juan no está diciendo que el que mora en Dios no pueda pecar; pero está diciendo que el que habita en Dios no puede seguir siendo un pecador consciente y voluntario.

## CARACTERÍSTICAS DE LOS HIJOS DE DIOS

**·1 Juan 3:10-18**

> *En esto se distinguen los hijos de Dios de los hijos del Diablo; el que no actúa con integridad, no es de Dios, ni tampoco el que no ame a su hermano, porque el mensaje que hemos oído desde el principio es el mensaje de que debemos amarnos mutuamente, y no ser como Caín, que procedía del Maligno, y mató a su hermano. ¿Y por qué le mató? Porque sus obras eran malvadas, y las de su hermano justas. No os sorprendáis, hermanos, si el mundo os aborrece. Nosotros sabemos que hemos pasado de muerte a vida porque amamos a los hermanos. El que no ama permanece en muerte. El que odia a su hermano es un asesino. No posee la vida eterna morando en su interior. En esto reconocemos Su amor: en que Él dio Su vida por nosotros; así nosotros debemos dar nuestra vida por los hermanos. El que tenga bastantes cosas de este mundo para mantenerse, y vea a su hermano en necesidad, y cierre su corazón contra él, ¿cómo va a morar el amor de Dios en él? Queridos hijos, no hagáis del amor un asunto de conversación y de charla, sino amad de hecho y en verdad.*

Este es un pasaje que tiene un tema bien trabado y una especie de paréntesis en medio.

Como decía Westcott: «La vida revela a los hijos de Dios.» No hay manera de decir qué clase de árbol es uno más que por sus frutos, y no hay manera de decir qué es una persona aparte de su conducta. Juan establece que cualquiera que no obre con integridad, demuestra que no es de Dios. De momento omitiremos el paréntesis para proseguir con el tema.

Aunque Juan es un místico, tiene una mentalidad muy práctica; y, por tanto, no deja la integridad como algo vago e

indefinido. Alguien podría decir: «Muy bien, acepto el hecho
de que la única cosa que prueba que una persona pertenece a
Dios es la integridad de su vida; pero, ¿qué es integridad?» La
respuesta de Juan es clara y contundente: *Ser íntegro es amar
a nuestros hermanos.* Eso, dice Juan, es un deber que no deja
lugar a dudas. Y pasa a aportar varias razones por las que ese
mandamiento es tan central y tan vinculante.

(i) Es una obligación que se ha inculcado en el cristiano
desde el momento en que entró en la iglesia. La ética cristiana
se puede resumir en una palabra, amor, y desde el momento
que una persona se rinde a Cristo se compromete a hacer del
amor la línea central de su vida.

(ii) Por esa misma razón, el hecho de que una persona ame
a sus hermanos es la prueba definitiva de que ha pasado de
muerte a vida. Como dice A. E. Brooke: «La vida es una
oportunidad para aprender a amar.» La vida sin amor es muerte.
Amar es estar en la luz; aborrecer es continuar en la oscuridad.
No necesitamos más pruebas que mirarle a la cara a una persona que esté enamorada, y a otra que esté llena de odio;
mostrarán la gloria o la negrura de su corazón.

(iii) Además, no amar es convertirse en asesino. No cabe
duda de que Juan está pensando en las palabras de Jesús en
el Sermón del Monte *(Mateo 5:21s).* Jesús dijo que la antigua
ley prohibía asesinar, pero la nueva Ley declaraba que la ira
y la amargura y el desprecio eran pecados igualmente serios.
Siempre que haya odio en el corazón de una persona, la convierte en un asesino en potencia. El permitir que el odio se
asiente en el corazón es quebrantar un mandamiento concreto
de Jesús. Por tanto, el que ama es seguidor de Cristo, y el que
aborrece no es de los Suyos.

(iv) De ahí se sigue todavía otro paso en este razonamiento bien trabado. Alguien puede que diga: «Reconozco la obligación de amar, y trataré de cumplirla; pero no sé lo que
implica.» La respuesta de Juan (versículo 16) es: «Si quieres
ver lo que es este amor, mira a Jesucristo. En Su muerte por
los hombres en la Cruz se despliega plenamente.» En otras

palabras, la vida cristiana es la imitación de Cristo. «Haya esta actitud entre vosotros que tenéis en Jesucristo» *(Filipenses 2:5).* «Nos dejó Su ejemplo para que sigamos Sus pisadas» *(1 Pedro 2:21).* No hay nadie que pueda mirar a Cristo y decir que no sabe en qué consiste la vida cristiana.

(v) Juan resuelve otra posible objeción más. Alguien podría decir: «¿Cómo puedo yo seguir las pisadas de Cristo? Él dio Su vida en la Cruz. Usted dice que yo debería dar mi vida por mis hermanos; pero esas oportunidades tan dramáticas no se dan corrientemente en la vida. ¿Qué tengo que hacer entonces?» La respuesta de Juan es: «Es cierto. Pero cuando veas a tu hermano en necesidad, y tú tengas bastante, el darle de lo que tienes es seguir a Cristo. El cerrarle el corazón y las manos es demostrar que el amor de Dios que se manifestó en Jesucristo no tiene lugar para ti.» Juan insiste en que podemos encontrar innumerables oportunidades para demostrar el amor de Cristo en la vida de todos los días. C. H. Dodd escribe hermosamente sobre este pasaje: «Había ocasiones en la vida de la Iglesia Primitiva, como hay también algunas ocasiones trágicas en el momento presente, para una obediencia casi literal del precepto (es decir, dar la vida por los hermanos). Pero la vida no es siempre tan trágica; y sin embargo el mismo principio de conducta se debe aplicar siempre. Puede movernos sencillamente a gastar algún dinero que hubiéramos podido gastar para nosotros mismos para aliviar la necesidad de otro más necesitado. Es, después de todo, el mismo principio de acción, aunque a un nivel más bajo de intensidad: es estar dispuestos a rendir algo que tiene valor para nuestra propia vida para enriquecer la de otro. Si tal mínima respuesta a la Ley del Amor que nos llega en una situación diaria y normal está ausente, entonces es inútil pretender que formamos parte de la familia de Dios, el reino en el que el amor es operativo como el principio y la señal de la vida eterna.»

Las palabras bonitas nunca ocuparán el lugar de las buenas obras; y ninguna cantidad de palabras sobre el amor cristiano ocupará el lugar de una acción amable, que implique algún sacrificio propio, a una persona en necesidad; porque en esa acción vuelve a estar operativo el principio de la Cruz.

## EL RESENTIMIENTO DEL MUNDO
## AL CAMINO CRISTIANO

*1 Juan 3:10-18 (conclusión)*

En este pasaje había un paréntesis; volvamos ahora a él.

El paréntesis se encuentra en el versículo 11, y la conclusión a la que conduce, en el 12. El cristiano no debe ser como Caín, que mató a su hermano.

Juan pasa a preguntar por qué mató Caín a su hermano; y su respuesta es que fue porque sus obras eran malvadas, y las de su hermano eran buenas. Y entonces deja caer la observación: «No os sorprendáis, hermanos, si el mundo os aborrece.»

Un malvado aborrecerá instintivamente a un hombre bueno. La integridad provoca siempre hostilidad en aquellos cuyas acciones son viles. La razón es que el hombre bueno es una represión andante para el malo. Aunque nunca le diga ni una sola palabra, su vida dicta sentencia callada. Sócrates era un hombre bueno *par excellence*. Alcibíades era brillante, pero errático y a menudo gamberro. Solía decirle a Sócrates: «Sócrates, te odio porque cada vez que me encuentro contigo me haces verme tal como soy.»

*La Sabiduría de Salomón* tiene un pasaje severo (2:10-20). En él se hace expresar al malvado su actitud ante el bueno: «Montémosle asechanzas al íntegro; porque él no es de los nuestros, y está siempre en contra de nuestras acciones... Se caracteriza por oponerse a nuestros planes. Nos resulta fastidioso hasta contemplarle; porque su vida no es como la de los demás, sus maneras son de otra calaña. Nos considera unos falsos; se desmarca de nuestros caminos como de la peste.» Sólo el ver al hombre bueno hacía que el malvado odiara le odiara.

Dondequiera que esté el cristiano, aunque no diga palabra, actúa como conciencia de la sociedad; y por esa misma razón el mundo le aborrecerá a menudo.

En la antigua Atenas, el noble Arístides fue condenado a muerte injustamente; y, cuando le preguntaron a uno del jurado cómo había sido capaz de dar su voto en contra de tal hombre, su respuesta fue que estaba harto de oír llamar a Arístides «el Justo.» El odio del mundo al cristiano es un fenómeno ubicuo, y se debe al hecho de que el mundano ve en el cristiano su propia condenación: lo que él no es y lo que en lo más íntimo de su corazón sabe que debería ser; y, como no quiere cambiar, trata de eliminar al que le recuerda su bondad perdida.

## LA ÚNICA PRUEBA

**1 Juan 3:19-24a**

> *Por esto sabemos que somos de la verdad, y por esto afirmaremos nuestro corazón delante de Él. Cuando nos remuerde la conciencia, Dios está por encima de ella y sabe todas las cosas. Amados, si la conciencia no nos acusa de nada, podemos acudir confiadamente a Dios, y recibir de Él lo que Le pidamos, porque guardamos Sus mandamientos y hacemos lo que a Él agrada. Y este es el mandamiento: Que creamos en el nombre de Su Hijo Jesucristo, y que nos amemos mutuamente, como Él nos lo dijo en Su mandamiento. Y el que guarde Su mandamiento mora en Él, y Él en él.*

Al corazón humano no se puede evitar que le surjan dudas. Cualquier persona con una mente y un corazón sensibles a veces se pregunta si es realmente cristiana. La prueba de Juan es bien simple, y de amplia gama: es el amor. Si sentimos que brota el amor hacia nuestros semejantes dentro de nuestro corazón, podemos estar seguros de que el corazón de Cristo está en nosotros. Juan habría dicho que un supuesto hereje cuyo corazón rebosara de amor y cuya vida estuviera adornada con el servicio estaba mucho más cerca de Cristo que se supusiera ortodoxo y sin embargo se mantuviera frío y remoto ante las necesidades de otros.

Juan pasa a decir algo que, según el original, puede querer decir dos cosas. Ese sentimiento de amor puede confirmarnos la presencia de Dios. Puede que nos remuerda la conciencia, pero Dios está por encima de ella. La pregunta sería: ¿Qué quiere decir esta última frase?

(i) Podría querer decir: Puesto que nuestra conciencia nos condena, y Dios está infinitamente por encima de nuestra conciencia, Dios nos condenará infinitamente más. Si lo tomamos en ese sentido, nos deja sumidos en el temor a Dios y sin poder decir nada más que: «Dios, sé propicio a mí, pecador.» Esa es una traducción posible, y sin duda es verdad; pero no es lo que Juan está diciendo en el contexto, porque aquí está pensando en nuestra confianza en Dios, y no en nuestro temor de Dios.

(ii) El pasaje quiere decir por tanto lo siguiente. Nuestra conciencia nos condena —eso es inevitable. Pero Dios está por encima de nuestra conciencia. Él sabe todas las cosas. Él no solamente conoce nuestros pecados; también conoce nuestro amor, nuestro anhelo, la nobleza que nunca desaparece del todo, nuestro arrepentimiento; y la grandeza de Su conocimiento Le da la simpatía que es capaz de entender y de perdonar.

Es este mismo conocimiento que Dios tiene de nosotros lo que constituye nuestra esperanza. «El hombre —como decía Tomás de Kempis— ve la obra, pero Dios conoce la intención.» Los hombres nos pueden juzgar solamente por nuestras acciones; pero Dios nos juzga por las aspiraciones que nunca se concretaron en acciones y por los sueños que nunca se hicieron realidad. Cuando Salomón estaba dedicando el templo, habló de lo mucho que David había querido construirle a Dios una Casa, y cómo se le había negado aquel privilegio. «Mi padre David tuvo en su corazón edificar una casa al nombre del Señor Dios de Israel. Pero el Señor dijo a David mi padre: "En cuanto a haber tenido en tu corazón el edificar una casa a Mi nombre, bien has hecho en tener tal deseo"» *(1 Reyes 18:17s).* El proverbio francés dice: «Saberlo todo es perdonarlo todo.» Dios nos juzga por las profundas emociones del corazón; y, si hay amor en nuestro corazón, entonces, por muy débil e imperfecto que sea, podemos entrar confiadamente a Su presencia. El conocimiento perfecto, que pertenece a Dios y sólo a Él, no es nuestro terror, sino nuestra esperanza.

## LOS MANDAMIENTOS INSEPARABLES

*1 Juan 3:19-24a (conclusión)*

Juan pasa a hablar de las dos cosas que son agradables a Dios, los dos mandamientos de cuya obediencia depende nuestra relación con Dios.

(i) Debemos creer en el nombre de Su Hijo Jesucristo. Aquí tenemos el uso de la palabra *nombre* que es característico de los escritores bíblicos. No quiere decir simplemente el nombre por el que se conoce a una persona; quiere decir toda la naturaleza y el carácter de esa persona en tanto en cuanto nos son conocidos. El salmista escribe: «Nuestra ayuda es en el nombre del Señor» *(Salmo 124:8).* Está claro que no quiere decir que nuestra ayuda esté en el hecho de que Dios Se llama Jehová; quiere decir que nuestra ayuda está en el amor y la misericordia y el poder que se nos han revelado como la naturaleza y el carácter de Dios. Así que creer en el nombre de Jesucristo quiere decir creer en la naturaleza y el carácter de Jesucristo. Quiere decir creer que Él es el Hijo de Dios, que Él está en una relación con Dios de una manera que no ha estado ni puede estar nunca ninguna otra persona del universo, que puede revelar perfectamente a la humanidad a Dios, y que es el Salvador de nuestras almas. Creer en el nombre de Jesucristo es aceptarle como el Que realmente es.

(ii) Debemos amarnos unos a otros, según el mandamiento que Él nos dio. Este mandamiento está en *Juan 13:34.* Debemos amarnos mutuamente con ese mismo amor generoso, sacrificado, perdonador, con que Cristo nos ha amado.

Cuando ponemos juntos estos dos mandamientos encontramos la gran verdad de que la vida cristiana depende de una fe correcta y una conducta correcta combinadas. No podemos tener la una sin la otra. No puede haber tal cosa como una teología cristiana sin una ética cristiana; ni tampoco una ética cristiana sin una teología cristiana. Nuestra fe no es real a menos que conduzca a la acción; y nuestra acción no tiene justificación ni dinámica a menos que esté basada en la fe.

No podemos empezar la vida cristiana hasta aceptar a Jesucristo por lo que Él es, y no Le habremos aceptado en ningún sentido real de la palabras hasta que nuestra actitud hacia nuestros semejantes sea como Su propia actitud de amor.

## LOS PRIVILEGIOS DE
## LA VIDA EXHUBERANTE DEL ESPÍRITU

### 1 Juan 3:24b–4:1

*Así es como sabemos que Él mora en nosotros: por el Espíritu Que Él nos ha dado. Amados, no creáis a cualquier espíritu; sino probad los espíritus para ver si proceden de Dios; porque han salido por el mundo muchos falsos profetas.*

Detrás de esta advertencia se encuentra una situación de la que sabemos muy poco o nada en muchas iglesias modernas. En la Iglesia original hubo un brotar vigoroso de la vida del Espíritu que conllevaba sus propios principios. Había tantas y tan diversas manifestaciones espirituales que se necesitaba alguna clase de comprobación. Tratemos de trasladarnos con el pensamiento a aquella atmósfera eléctrica.

(i) Ya en los tiempos del Antiguo Testamento se detectaron los peligros de los falsos profetas, que eran hombres con un cierto poder espiritual. *Deuteronomio 13:1-5* demanda que el falso profeta que trató de seducir al pueblo para que se apartara del verdadero Dios fuera muerto; pero admite franca y abiertamente que este puede prometer señales y milagros, y realizarlos. El poder espiritual podía ser malvado y mal dirigido.

(ii) En la Iglesia original, el mundo considerado espiritual estaba muy cerca. Todo el mundo creía en un universo abarrotado de demonios y espíritus. Cada roca, y árbol, y río, y bosquecillo, y lago, y montaña tenían su poder espiritual; y estos poderes espirituales estaban siempre tratando de introducirse en los cuerpos y mentes de las personas. En los tiempos de la Iglesia original se vivía en un mundo obsesionado con los fenómenos espirituales en el que todos se sentían rodeados y acechados por poderes espirituales.

(iii) Ese mundo antiguo era muy consciente de la existencia del poder personal del mal. No especulaba acerca de su origen, pero estaba convencido de que existía, y de que estaba buscando personas para usarlas como instrumentos a su servicio. En consecuencia, no solamente el universo, sino también las mentes humanas eran el campo de batalla en el que contendían el poder de la luz y el poder de las tinieblas.

(iv) En la Iglesia original la venida del Espíritu era un fenómeno mucho más visible de lo que es corriente para muchos en nuestros días. Se relacionaba generalmente con el bautismo; y cuando el Espíritu venía, sucedían cosas que cualquiera podía constatar. La persona que recibía el Espíritu era afectada visiblemente. Cuando los apóstoles bajaron a Samaria después de la predicación de Felipe y confirieron el don del Espíritu a los nuevos convertidos, el efecto era tan sorprendente que el mago local, Simón, quería comprar el poder para producirlo *(Hechos 8:17s)*. La venida del Espíritu sobre Cornelio y los de su casa fue algo que todos pudieron constatar *(Hechos 10:44s)*. En la Iglesia original, la venida del Espíritu iba acompañada de efectos sensibles y obvios.

(v) Esto tenía sus efectos en la vida congregacional de la Iglesia original. El mejor comentario a este pasaje de Juan sería *1 Corintios 14*. Por el poder del Espíritu algunas personas hablaban en lenguas. Es decir: les salía un torrente de sonidos dados por el Espíritu que no correspondían a ninguna lengua conocida, que nadie podía entender a menos que hubiera en la congregación alguno que tuviera el don dado por el Espíritu de interpretar. Tan extraordinario era este fenómenos que Pablo no duda en decir que si un extraño entrara en la congregación cuando se estaba practicando pensaría que se encontraba en una reunión de locos *(1 Corintios 14:2,23,27)*. Hasta los profetas, que daban su mensaje en la lengua corriente, constituían un problema. Eran tan movidos por el Espíritu que no podían esperarse hasta que terminara el que estaba hablando, y cada uno se ponía en pie de un salto decidido a proclamar el mensaje que el Espíritu le daba *(1 Corintios 14:26s,33)*. Un culto de adoración en alguna de las primeras congregaciones cristianas sería distinto de la mayor parte de los cultos de las iglesias modernas, tan plácidas. Tan diversas eran las manifestaciones del Espíritu que Pablo incluye *el don del discernimiento de espíritus* entre los dones espirituales que podía poseer un cristiano *(1 Corintios 12:10)*. Podemos figurarnos lo que podría suceder en tal caso cuando Pablo menciona la posibilidad de que alguien maldijera a Cristo hablando en un espíritu *(1 Corintios 12:3)*.

Cuando llegamos algo más adelante en la historia de la Iglesia encontramos el problema todavía más agudizado. *La Didajê, La enseñanza de los Doce Apóstoles*, es el primer libro de orden eclesiástico, y se puede fechar no después del año 100 d.C. Contiene reglas acerca de cómo se han de tratar los apóstoles y profetas ambulantes que iban y venían por las congregaciones cristianas. «No todos los que hablen por un espíritu son profetas, sino sólo los que hablen de acuerdo con el Señor» *(Didajê 11 y 12)*. El problema alcanzó su cima y *ne plus ultra* cuando, en el siglo III, Montano irrumpió en la Iglesia pretendiendo ser nada menos que el Paráclito prometido, y proponiéndose decirle a la Iglesia las cosas que Cristo había dicho a Sus apóstoles que no podían recibir entonces.

La Iglesia Primitiva estaba llena de esta vida desbordante del Espíritu. La exuberancia de la vida no se había podido organizar desde la Iglesia. Era una gran edad; pero su misma exuberancia tenía sus peligros. Si había un poder personal del mal, podía usar a algunas personas. Si había espíritus malos al mismo tiempo que el Espíritu Santo, podían habitar en algunos. Algunos podían engañarse produciéndose experiencias totalmente subjetivas en las que pensaban —honradamente— que tenían un mensaje del Espíritu.

Juan tenía todo esto en mente; y a la vista de esa atmósfera electrificada de vida espiritual desbordante presenta sus criterios para discriminar entre lo verdadero y lo falso. Nosotros, por nuestra parte, puede que tengamos el sentimiento de que, con todos sus peligros, la exuberante vitalidad de la Iglesia Primitiva era mucho mejor que la apática placidez de la vida de la iglesia moderna. Era mejor que se esperara al Espíritu en todo que que no se Le espere en nada.

### Nota sobre la traducción de 1 Juan 4:1-7.

Hay una frase que aparece en este pasaje que no es ni mucho menos fácil de traducir. Es la que la versión Reina-Valera traduce indefectiblemente por *de Dios*. Se trata de los lugares siguientes:

Versículo 1: Probad los espíritus si son *de Dios*.

Versículo 2: Todo espíritu que confiesa que Jesucristo ha venido en carne, es *de Dios*.

Versículo 3: Todo espíritu que no confiesa que Jesucristo ha venido en carne, no es *de Dios*.

Versículo 4: Hijitos, vosotros sois *de Dios*.

Versículo 6: Nosotros somos *de Dios*... El que no es *de Dios*, no nos oye.

Versículo 7: El amor es *de Dios*.

La dificultad se ve claramente; y sin embargo es de primera importancia el adscribir un sentido preciso a esta frase. En griego es *ek tû Theû. Ho Theós* quiere decir *Dios,* y *tû Theû* es el genitivo después de la preposición *ek. Ek* es una de las preposiciones griegas más corrientes, y quiere decir *desde* o *fuera de.* Decir que un hombre viene *ek tês póleôs* quiere decir que viene *desde* o *fuera de* la ciudad. Ya se comprende que no es así como lo diríamos en castellano, tan impreciso como es comparado con el griego o con el inglés. Aquí nos serviríamos de la preposición *de,* como se ve en casi todas las traducciones, dejando que cada cual decida si se trata de *origen* o de *posesión.* Entonces, ¿qué quiere decir que una persona o un espíritu o una cualidad es *ek tû Theû?* En inglés se suele traducir por *from,* pero es castellano sería imposible usar *desde.* Sin embargo está claro que quiere decir que la persona o el espíritu o la cualidad *tiene su origen en Dios.* Viene de Dios en el sentido de que tiene su origen en Él y deriva de Él su vida. Así es que Juan exhorta a los suyos a que analicen los espíritus para comprobar si proceden realmente de Dios.

Citamos algunas de las variantes de algunas versiones españolas como muestra de la dificultad y del sincero esfuerzo para traducir fielmente el sentido. Aun traduciendo de la Vulgata, Scío ya puso: «la caridad procede de Dios»(7). La Biblia de Jerusalén tiene: «Examinad si los espíritus vienen de Dios»(1). La Nueva Biblia Española: «No deis fe a toda inspiración; sometedlas a prueba para ver si vienen de Dios»(1), «procede de Dios»(2,3), «el amor viene de Dios»(7). Bover: «El amor procede de Dios»(7). R.V.A.: «procede de Dios»(2, 3). R.V. Clie '77: «si los espíritus proceden de Dios»(1), «procede de Dios»(2, 3), «Hijitos, vosotros procedéis de Dios»(4).

Esta nota era necesaria para justificar el apartarnos de la forma tan conocida y aceptada —y, probablemente, bien entendida— de la R-V, y el seguir otra forma reiterativa y menos corriente en castellano.

## LA HEREJÍA CAPITAL

*1 Juan 4:2s*

> *Así es como reconoceréis el espíritu que procede de*
> *Dios: todo espíritu que reconoce abiertamente que Jesús*
> *ha venido en la carne y es el Mesías, procede de Dios.*
> *Y todo espíritu que es tal que no hace esta confesión*
> *acerca de Jesús, no procede de Dios; y este es el espíritu*
> *del Anticristo, acerca del cual habéis oído que había de*
> *venir, y que ahora ya está presente en el mundo.*

Para Juan, la fe cristiana se podía resumir en una sola frase: «La Palabra se hizo carne, y habitó entre nosotros» *(Juan 1:14).* Cualquier espíritu que negara la realidad de la Encarnación, no procedía de Dios. Juan establece dos pruebas de fe.

(i) Para que se vea que es de Dios, un espíritu debe reconocer que Jesús es el Cristo, el Mesías. Según lo veía Juan, el negarlo sería negar tres cosas acerca de Jesús. (*a*) Sería negar que Él es el centro de la Historia, Aquel para quien toda la Historia anterior había sido una preparación. (*b*) Sería negar que Él es el cumplimiento de las promesas de Dios. A lo largo de todas sus luchas y sus derrotas, los judíos se habían adherido a las promesas de Dios. Negar que Jesús es el Mesías prometido es negar que esas promesas sean verdad. (*c*) Sería negar Su Reino. Jesús vino, no sólo a sacrificarse, sino a reinar; y negar Su mesiazgo es excluirle de Su realeza esencial.

(ii) Para proceder de Dios un espíritu debía reconocer que Jesús ha venido en la carne. Era precisamente esto lo que los gnósticos no podrían aceptar nunca. Puesto que, según su punto de vista, la materia era totalmente mala, una Encarnación real era totalmente imposible, porque Dios nunca podría asumir la carne. Agustín habría de decir más tarde que podría encontrar paralelos en los filósofos paganos para todo lo del Nuevo Testamento excepto una cosa: «El Logos Se hizo carne.» De acuerdo con el punto de vista de Juan, el negar la completa humanidad de Jesucristo era atacar la fe cristiana en sus mismas raíces.

El negar la realidad de la Encarnación tiene ciertas consecuencias definidas.

(i) Es negar que Jesús pudiera ser nunca nuestro ejemplo. Si no era realmente un hombre, viviendo en las mismas condiciones humanas, no podría nunca mostrar a los hombres cómo vivir.

(ii) Es negar que Jesús pudiera ser el Sumo Sacerdote Que abre el acceso a Dios. El verdadero Sumo Sacerdote, como vio el autor de la *Carta a los Hebreos,* debía ser en todas las cosas semejante a nosotros, conociendo nuestras debilidades y nuestras tentaciones *(Hebreos 4:14s).* Para guiar a los hombres a Dios, el Sumo Sacerdote debía ser un hombre; porque, de otra manera, les indicaría un camino que les sería imposible seguir.

(iii) Es negar que Jesús fuera, en ningún sentido real, el Salvador. Para salvar a los hombres tenía que identificarse con los que había venido a salvar.

(iv) Es negar la salvación del cuerpo. La enseñanza cristiana es totalmente clara en que la Salvación es la Salvación de toda la persona, del cuerpo tanto como del alma. El negar la Encarnación es negar la posibilidad de que el cuerpo pueda nunca llegar a ser el templo del Espíritu Santo.

(v) Con mucho lo más serio y terrible es que sería negar que pueda nunca haber ninguna unión real entre Dios y el hombre. Si el Espíritu es totalmente bueno y el cuerpo es totalmente malo, Dios y el hombre no se pueden encontrar nunca mientras el hombre siga siendo hombre. Se podrían encontrar si el hombre se desprendiera del cuerpo y se convirtiera en un espíritu *desencarnado.* Pero la gran verdad de la Encarnación es que aquí y ahora puede haber una comunión real entre Dios y el hombre.

No hay nada en el Cristianismo que sea más central que la realidad de la humanidad de Jesucristo.

## ESCISIÓN ENTRE EL MUNDO Y DIOS

*1 Juan 4:4-6*

> *Vosotros procedéis de Dios, queridos chiquillos, y*
> *habéis obtenido la victoria sobre ellos porque ese poder*
> *que hay en vosotros es mayor que el poder que hay en*
> *el mundo. Es por esto por lo que la fuente de lo que ellos*
> *hablan es el mundo, y es la razón de que el mundo los*
> *escuche. Nuestra fuente está en Dios; el que conoce a*
> *Dios nos presta atención. El que no procede de Dios no*
> *nos escucha. Así es como distinguimos el espíritu de la*
> *verdad y el espíritu del error.*

Juan establece en este pasaje una gran verdad, y encara un gran problema.

(i) El cristiano no tiene por qué tenerle miedo al hereje. En Cristo se ganó la victoria sobre todos los poderes del mal. Los poderes del mal Le hicieron todo el mal que pudieron, hasta el punto de matarle en la Cruz; pero Él surgió victorioso. La victoria le corresponde al cristiano. Sea cual fuere el aspecto de las cosas, los poderes del mal están peleando una batalla perdida. Como expresaba el proverbio latino: «Grande es la verdad, y acabará por prevalecer.» Todo lo que tiene que hacer el cristiano es tener presente la verdad que ya conoce, y aferrarse a ella. La verdad es aquello por lo que viven los hombres; el error es a fin de cuentas lo que hace que los hombres mueran.

(ii) Sigue el problema de que los falsos maestros ni escucharán ni aceptarán la verdad que ofrece el verdadero cristiano. ¿Cómo se puede explicar eso? Juan vuelve a su antítesis favorita: la oposición entre el mundo y Dios. El mundo, como ya hemos visto antes, es la naturaleza humana aparte de Dios y en oposición a Él. El hombre que tiene su origen en Dios recibirá la verdad; el hombre que tiene su origen en el mundo, la rechazará.

Cuando llegamos a pensar en ello, es una verdad obvia. ¿Cómo puede una persona cuya consigna es la competencia empezar a entender una ética cuya clave es el servicio? ¿Cómo puede una persona cuya finalidad es la exaltación del yo, y que mantiene que los más débiles deben ir al paredón, empezar a entender una enseñanza cuyo principio vital es el amor? ¿Cómo puede una persona que cree que este es el único mundo, y que, por tanto, las cosas materiales son las únicas que importan, empezar a entender una vida que se vive a la luz de la eternidad, en la que las cosas invisibles poseen los valores supremos? Una persona no puede escuchar nada más que lo que se ha entrenado a escuchar, y puede estar absolutamente incapacitada para escuchar el mensaje cristiano.

Eso es lo que Juan está diciendo. Ya hemos visto una y otra vez que es característico de él el ver las cosas en blanco y negro. Su pensamiento no se para en matices. Por una parte está el hombre cuya fuente de origen es Dios, y que puede oír la verdad; por otra parte está el hombre cuya fuente y origen es el mundo, y que es incapaz de oír la verdad. Ahí surge un problema que es muy probable que Juan ni siquiera reconociera. ¿Hay personas para las que toda predicación es fatalmente inútil? ¿Hay personas cuyas defensas no se pueden penetrar nunca, cuya sordera no les permite nunca oír, y cuyas mentes están cerradas para siempre a la invitación y al mandamiento de Jesucristo?

La respuesta debe de ser que no hay límites para la gracia de Dios, y que hay tal Persona como el Espíritu Santo. La vida nos enseña que el amor de Dios puede derribar cualquier barrera. Es verdad que una persona se puede resistir; puede que sea verdad que una persona se puede resistir hasta lo último; pero lo que es también verdad es que Cristo está siempre llamando a la puerta de todos los corazones, y es posible que una persona oiga la voz de Cristo, aun por encima de las muchas voces del mundo.

## EL AMOR HUMANO Y EL DIVINO

*1 Juan 4:7-21*

Amados, amémonos unos a otros, porque el amor
tiene su fuente en Dios; y todo el que ama tiene a Dios
como la fuente de su nacimiento y conoce a Dios. El que
no ama, no ha empezado a conocer a Dios.

En esto se despliega el amor de Dios dentro de
nosotros: en que Dios envió a Su único Hijo al mundo
para que por medio de Él pudiéramos vivir. En esto
consiste el amor: no en que nosotros amemos a Dios,
sino en que Él nos amó y envió a Su Hijo para que fuera
el sacrificio expiatorio por nuestros pecados. Hermanos, si Dios nos amó así, nosotros también debemos
amarnos unos a otros. Nadie ha visto nunca a Dios. Si
nos amamos unos a otros, Dios mora en nosotros, y Su
amor llega a su plenitud en nosotros. Es por esto por
lo que sabemos que moramos en Él y Él en nosotros:
porque Él nos ha dado una porción de Su Espíritu.

Nosotros hemos visto y testificamos que el Padre
envió al Hijo como Salvador del mundo. El que reconoce
abiertamente que Jesús es el Hijo de Dios, Dios mora
en él y él en Dios. Nosotros hemos llegado a conocer
y a poner nuestra confianza en el amor que Dios tiene
en nuestro interior. Dios es amor, y el que mora en amor
mora en Dios, y Dios mora en él.

En nosotros el amor llega a su culminación en esto:
en que tengamos confianza sobre el Día del Juicio;
porque, como Él es, así somos nosotros también en este
mundo. No hay temor en el amor, sino que el perfecto
amor descarta el temor, porque el temor está relacionado con el castigo, y el que teme no ha llegado al
perfecto estado del amor. Nosotros amamos porque Él
nos amó primero. Si alguien dice: «Yo amo a Dios,»
pero aborrece a su hermano, es un mentiroso; porque

*el que no ama a su hermano a quien ha visto, no puede
amar a Dios, a Quien no ha visto. Es este mandamiento
el que tenemos de Él: que el que ame a Dios, ame
también a su hermano.*

Este pasaje está tan íntimamente entrelazado que será mejor que lo leamos en su conjunto y luego saquemos poco a poco sus enseñanzas. En primer lugar veamos su enseñanza sobre el amor.

(i) El amor tiene su origen en Dios (versículo 7). Es desde el Dios Que es amor desde donde fluye todo amor. Como dice A. E. Brooke: «El amor humano es un reflejo de algo que hay en la naturaleza divina misma.» Cuando más cerca estamos de Dios es cuando amamos. Clemente de Alejandría dijo con una frase sorprendente que el verdadero cristiano «practica el ser Dios.» El que mora en amor mora en Dios (versículo 16). El hombre está hecho a imagen y semejanza de Dios *(Génesis 1:26).* Dios es amor; y, por tanto, para ser semejante a Dios y ser lo que debe ser, el hombre también debe amar.

(ii) El amor tiene una doble relación con Dios. Es sólo conociendo a Dios como aprendemos a amar; y es sólo amando como aprendemos a conocer a Dios (versículos 7 y 8). El amor procede de Dios, y conduce a Dios.

(iii) Es por el amor como se conoce a Dios (versículo 12). No podemos ver a Dios, porque Dios es Espíritu; lo que sí podemos ver es Su efecto. No podemos ver el viento, pero podemos ver lo que hace. No podemos ver la electricidad, pero podemos ver los efectos que produce. El efecto de Dios es el amor. Es cuando Dios entra en una persona cuando la persona está revestida con el amor de Dios y el amor del hombre. Dios Se conoce por Su efecto en esa persona. Se ha dicho: «Un santo es una persona en quien Cristo vive otra vez.» Y la mejor demostración de Dios no viene de la discusión, sino de una vida de amor.

(iv) El amor de Dios se demuestra en Jesucristo (versículo 9). Cuando miramos a Jesús vemos dos cosas acerca del amor de Dios. (*a*) Es un amor que no se reserva nada. Dios estuvo dispuesto en Su amor por los hombres a dar a Su Hijo único y a hacer un sacrificio que es absolutamente imposible superar. (*b*) Es un amor totalmente inmerecido. No sería tan extraordinario si nosotros Le amáramos a Él por todas las cosas que Él nos ha dado, hasta aparte de Jesucristo; lo maravilloso es que Él ame a criaturas desagradecidas y desobedientes como nosotros.

(v) El amor humano es la respuesta al amor divino. Nosotros amamos porque Dios nos amó. Es la visión de Su amor lo que despierta en nosotros el deseo de amarle como Él nos amó a nosotros antes, y de amar a nuestros semejantes como Él los ama.

(vi) Cuando llega el amor, el temor se tiene que marchar (versículos 17 y 18). El temor es la emoción característica de alguien que espera que le castiguen. Mientras veamos a Dios como el Juez, el Rey, el Legislador, no puede haber en nuestro corazón nada más que temor, porque ante un Dios así no podemos esperar nada más que el castigo. Pero una vez que conocemos la verdadera naturaleza de Dios, el amor absorbe el temor. El único temor que permanece es el temor de ofender Su amor por nosotros.

(vii) El amor de Dios y el amor del hombre están indisolublemente vinculados (versículos 7, 11, 20s). Como dice hermosamente C. H. Dodd: «La energía del amor se descarga por líneas que forman un triángulo cuyos vértices son Dios, el yo y el prójimo.» Si Dios nos ama, estamos obligados a amarnos unos a otros; porque nuestro destino es reproducir la vida de Dios en la humanidad, y la vida de la eternidad en el tiempo. Juan dice, con una claridad casi cruda, que el que pretenda amar a Dios y aborrezca a su hermano, no es nada más que un mentiroso. La única manera de probar que amamos a Dios es amando a los hombres, a los que Dios ama. La única manera de probar que Dios está en nuestros corazones es mostrar constantemente el amor a los hombres en nuestras vidas.

## DIOS ES AMOR

*1 Juan 4:7-21 (continuación)*

En este pasaje encontramos lo que es probablemente la más grande afirmación acerca de Dios en toda la Biblia: que *Dios es amor.* Es maravilloso descubrir la cantidad de puertas que abre esa sencilla afirmación, y la cantidad de preguntas que contesta.

(i) Es la explicación de *la Creación.* Algunas veces no podemos evitar preguntarnos por qué creó Dios este mundo. La desobediencia, la falta de respuesta de los hombres, son un constante dolor para Él. ¿Por qué había Dios de crear un mundo que no Le habría de reportar nada más que problemas? La respuesta es que la Creación era esencial a Su misma naturaleza. Si Dios es amor, no puede existir en una soledad aislada. El amor necesita tener a alguien que amar, y a alguien que le ame.

(ii) Es la explicación del *libre albedrío.* A menos que el amor sea una respuesta libre, no es amor. Si Dios no hubiera sido nada más que Ley, podría haber creado un mundo en el que las personas se movieran como autómatas, sin más libertad que la de las máquinas. Pero, si Dios hubiera hecho así a los hombres, no habría habido ninguna posibilidad de una relación personal entre Él y ellos. El amor es por necesidad la libre respuesta del corazón; y, por tanto, Dios, mediante un acto deliberado de autolimitación, tenía que dotar a los hombres de libre albedrío.

(iii) Es la explicación de *la Providencia.* Si Dios no hubiera sido más que mente y orden y ley, habría, por así decirlo, creado el universo, le habría dado cuerda, lo habría puesto en marcha, y lo habría dejado. Hay artículos y máquinas que se nos invita a comprar simplemente porque podemos ponerlas en funcionamiento y olvidarlas. Su cualidad más atractiva es que funcionan automáticamente. Pero, porque Dios es amor, a Su acto creador siguió Su cuidado constante.

(iv) Es la explicación de *la Redención*. Si Dios no hubiera sido más que Ley y Justicia, habría dejado a los hombres a las consecuencias de su pecado. La ley moral operaría: el alma que pecare, moriría; y la justicia eterna distribuiría los castigos inexorablemente. Pero el mismo hecho de que Dios es amor quiere decir que tenía que buscar y salvar lo que se había perdido. Tenía que encontrarle un remedio al pecado.

(v) Es la explicación de *la otra vida*. Si Dios fuera simplemente Creador, los seres humanos viviríamos nuestro breve espacio, y moriríamos para siempre. La vida que acababa en la Tierra sería solamente otra florecilla más que la escarcha de la muerte helaría bien pronto. Pero el hecho de que Dios es amor hace cierto que los azares y avatares de la vida no tienen la última palabra, y que Su amor ajustará de nuevo los desequilibrios de esta vida.

## HIJO DE DIOS
## Y SALVADOR DEL MUNDO

*1 Juan 4:7-21* (conclusión)

Antes de dejar este pasaje debemos notar que tiene también grandes cosas que decir acerca de Jesucristo.

(i) Nos dice que Jesús es *el Que trae la vida*. Dios Le envió para que pudiéramos tener la vida por medio de Él (versículo 9). Hay una diferencia abismal entre la existencia y la vida. Todas las criaturas tienen existencia, pero no todas tienen vida. Y lo mismo se puede decir de las personas. La misma ansiedad con que los hombres buscan el placer prueba que hay algo que falta en sus vidas. Un famoso doctor dijo una vez que la humanidad llegaría a encontrar la cura del cáncer más rápidamente que la cura del aburrimiento. Jesús le da a la persona una razón para vivir; le da fuerza para vivir, y le da paz para vivir. Vivir con Cristo convierte la mera existencia en plenitud de vida.

(ii) Nos dice que Jesús es *el Restaurador de la relación perdida con Dios*. Dios Le envió para que fuera el sacrificio expiatorio por el pecado (versículo 10). No nos movemos en un mundo de pensamiento en el que los sacrificios animales sean una realidad; pero podemos comprender plenamente lo que el sacrificio quería decir. Cuando una persona peca, su relación con Dios se interrumpe; y el sacrificio era la expresión del arrepentimiento, diseñado para restaurar la relación perdida. Jesús, por Su vida y muerte, hizo posible que el hombre entrara en una nueva relación de paz y de amistad con Dios. Hizo un puente a través de la terrible sima que había abierto el pecado entre Dios y el hombre.

(iii) Nos dice que Jesús es *el Salvador del mundo* (versículo 14). Cuando Él vino al mundo, la humanidad no era consciente de nada tanto como de su propia debilidad e indefensión. Los hombres, decía Séneca, estaban buscando *ad salutem,* salvación. Eran desesperadamente conscientes de «su debilidad en las cosas necesarias.» Necesitaban «una mano que se les tendiera para levantarlos.» Sería totalmente inadecuado pensar en la salvación como una mera liberación del castigo del infierno. Los hombres necesitaban ser salvos de sí mismos; necesitaban ser salvos de los hábitos que habían llegado a ser sus cadenas; necesitaban ser salvos de sus tentaciones; necesitaban ser salvos de sus temores y ansiedades; necesitaban ser salvos de sus locuras y errores. En cada caso Jesús ofrece salvación a los hombres; Él aporta lo que les permite enfrentarse con el tiempo y encarar la eternidad.

(iv) Nos dice que Jesús es *el Hijo de Dios* (versículo 15). Tómese como se tome, esto quiere decir fuera de toda duda que Jesucristo está en una relación con Dios que no ha tenido nunca ni tendrá jamás ninguna otra persona. Él es el único que puede mostrarle a la humanidad cómo es Dios; Él es el único que puede traer a la humanidad la gracia, el amor, el perdón y la fuerza de Dios.

Hay otra cosa que surge en este pasaje. Nos ha enseñado acerca de Dios y acerca de Jesús; y nos enseña también acerca

del Espíritu. En el versículo 13, Juan dice que sabemos que
moramos en Dios porque tenemos una participación del Espíritu. Es la obra del Espíritu lo que nos hace buscar a Dios en
un principio; es la obra del Espíritu lo que nos hace conscientes
de la presencia de Dios; es la obra del Espíritu lo que nos da
la certeza de que estamos de veras en paz con Dios. Es el
Espíritu en nuestros corazones el Que nos hace atrevernos a
dirigirnos a Dios como Padre *(Romanos 8:15s)*. El Espíritu es
el testigo interior que, como dice C. H. Dodd, nos da «la
consciencia inmediata, espontánea, inanalizable, de una presencia divina en nuestras vidas.»

## EL AMOR EN LA FAMILIA DE DIOS

*1 Juan 5:1s*

> *Todo el que cree que Jesús es el Cristo ha experi-*
> *mentado el nacimiento que viene de Dios; y todo el que*
> *ama al padre, ama al hijo. Así es como sabemos que*
> *debemos amar a los hijos de Dios, siempre que amemos*
> *a Dios y guardemos Sus mandamientos.*

Cuando Juan escribía este pasaje tenía dos cosas en el
trasfondo de la mente.

(i) Estaba el gran hecho que era la base de todo su pensamiento: el hecho de que el amor a Dios y el amor al hombre
son partes inseparables de la misma experiencia. En respuesta a la pregunta del escriba, Jesús había dicho que había dos
grandes mandamientos: el primero establecía que debemos
amar a Dios con todo nuestro corazón y alma y fuerzas; y el
segundo, que debemos amar a nuestro prójimo como a nosotros mismos. No hay ningún mandamiento mayor que estos
*(Marcos 12:28-31)*. Juan tenía en mente esta palabra de su
Señor.

(ii) Pero también tenía en mente una ley natural de la vida humana. El amor de la familia es parte de la naturaleza. El hijo ama naturalmente a sus padres; y también naturalmente, a sus hermanos. La segunda parte del versículo 1 dice literalmente: «Todo el que ama al que ha engendrado, ama al que es engendrado por él.» Para decirlo más sencillamente: «Si amamos a un padre, también amamos a su hijo.» Juan está pensando en el amor que vincula naturalmente a una persona al padre que la engendró y a los otros hijos que el padre ha engendrado.

Juan transfiere esto al reino de la experiencia y del pensamiento cristianos. El cristiano pasa por la experiencia de nacer de nuevo; el Padre es Dios, y el cristiano está obligado a amar a Dios por todo lo que ha hecho por su alma. Pero uno nace siempre en una familia, y el cristiano nace de nuevo en la familia de Dios. Como sucedió con Jesús, así ha sucedido con él —los que hacen la voluntad de Dios, como él mismo, llegan a ser su madre, sus hermanas y sus hermanos *(Marcos 3:35)*. Así que, si el cristiano ama a Dios Padre Que le engendró, también debe amar a los otros hijos que Dios ha engendrado. Su amor a Dios y su amor a sus hermanos y hermanas en Cristo deben ser las dos caras del mismo amor, tan íntimamente entrelazados que no se pueden separar nunca.

Como se ha dicho: «Una persona no nace solamente *para amar,* sino también *para ser amada.»* A. E. Brooke lo expresa diciendo: «Todo el que ha nacido de Dios debe amar a los que han tenido el mismo privilegio.»

Mucho antes de esto había dicho el salmista: «Dios hace habitar en familia a los desamparados» *(Salmo 68:6).* El cristiano, en virtud de su nuevo nacimiento, se encuentra en la familia de Dios; y, como ama al Padre, debe también amar a los hijos que forman parte de la misma familia que él.

## LA OBEDIENCIA IMPRESCINDIBLE

*1 Juan 5:3-4a*

> *Porque esto es el amor de Dios: que guardemos Sus mandamientos; y Sus mandamientos no son gravosos, porque todo lo que es nacido de Dios conquista al mundo.*

Juan vuelve a una idea que nunca está muy lejos de su mente: *la obediencia es la única prueba del amor.* No podemos demostrarle nuestro amor a nadie nada más que tratando de agradarle y de producirle satisfacción.

Entonces Juan dice repentinamente una cosa de lo más sorprendente. Los mandamientos de Dios, dice, no son gravosos. Aquí debemos fijarnos en dos cuestiones generales.

Desde luego que no quiere decir que la obediencia a los mandamientos de Dios sea fácil de alcanzar. El amor cristiano no es una cuestión superficial. No es nunca fácil amar a personas que no nos gustan, o que hieren nuestros sentimientos, o que nos injurian. Nunca es fácil resolver los problemas de la convivencia; y, cuando se convierten en el problema de vivir juntos a la altura del nivel cristiano de la vida, es una tarea de dificultad inmensa.

Además, hay en este dicho un contraste implícito. Jesús decía que los escribas y los fariseos ataban fardos pesados y difíciles de llevar, y se los cargaban a los demás *(Mateo 23:4).* La masa de reglas y de normas de los escribas y fariseos podía ser una carga insoportable para los hombros de cualquiera. No hay duda que Juan estaba recordando el dicho de Jesús: «Mi yugo es fácil, y ligera Mi carga» *(Mateo 11:30).*

Entonces, ¿cómo se puede explicar esto? ¿Cómo se puede decir que las tremendas demandas de Jesús no son una carga pesada? Se puede responder a esta pregunta de tres maneras.

(i) Dios nunca le impone un mandamiento a nadie sin darle también las fuerzas para cumplirlo. Con la visión viene el poder; con la necesidad vienen las fuerzas. Dios no nos da Sus mandamientos y luego Se retira, dejándonos a nuestros escasos recursos. Sigue allí, a nuestro lado, para capacitarnos para cumplir lo que nos ha mandado. Lo que es imposible para nosotros se hace posible con Dios.

(ii) Pero aquí hay otra gran verdad. Nuestra respuesta a Dios debe ser la respuesta del amor; y no hay deber demasiado molesto, ni tarea demasiado pesada para el amor. Lo que no haríamos nunca por un extraño lo intentamos para alguien que nos es querido; lo que sería un sacrificio imposible si nos lo pidiera un extraño se convierte en una contribución voluntaria cuando lo necesita ser amado.

Hay una vieja historia que es una especie de parábola que viene a cuento. Alguien se encontró una vez a un chico que iba a la escuela, en aquellos tiempos en que no había transporte escolar, llevando a sus espaldas a otro chico más pequeño que estaba impedido y no podía andar. El extraño le dijo al chico: «¿Le llevas así a la escuela todos los días?» «Sí,» le contestó el muchacho. «Eso es una carga muy pesada para ti,» dijo el extraño. «No es una carga —dijo el chico—. Es mi hermano.»

El amor hacía que la carga no lo fuera en realidad. Así debe pasar entre nosotros y Cristo. Sus mandamientos no son gravosos, sino un privilegio y una oportunidad para demostrar nuestro amor. Son difíciles, pero no son gravosos; porque Cristo nunca le impuso a nadie un mandamiento sin darle las fuerzas para cumplirlo; y un mandamiento nos provee de otra oportunidad de demostrar nuestro amor.

Debemos dejar la tercera respuesta para la próxima sección.

## LA CONQUISTA DEL MUNDO

**1 Juan 5:4b-5**

*Y esta es la conquista que ha conquistado al mundo: nuestra fe. ¿Quién es el que conquista al mundo sino el que cree que Jesús es el Hijo de Dios?*

Ya hemos visto que los mandamientos de Jesucristo no son gravosos, porque con el mandamiento se nos da el poder, y porque los aceptamos con amor. Pero aquí hay otra gran verdad. Hay algo en el cristiano que le capacita para conquistar el mundo. El *kosmos* es el mundo separado de Dios y en oposición a Él. Lo único que nos capacita para conquistar al *kosmos* es *la fe*.

Juan identifica esta fe conquistadora con creer que Jesús es el Hijo de Dios. Es la fe en la Encarnación. ¿Por qué ha de conferir eso la victoria? Si creemos en la Encarnación, eso quiere decir que creemos que Jesucristo entró en el mundo y asumió nuestra vida humana. Si eso fue lo que hizo, quiere decir que *Le importaban* tanto los hombres como para echarse sobre Sí las limitaciones de la humanidad, que es el acto de amor que sobrepasa el entendimiento humano. Si Dios hizo eso, quiere decir que *toma parte* en todas las diversas actividades de la vida humana, y conoce por experiencia los muchos dolores y pruebas y tentaciones de este mundo. Quiere decir que Dios comprende perfectamente todo lo que nos sucede, y que Él está involucrado en la empresa de vivirlo con nosotros. La fe en la Encarnación es la convicción de que Dios comparte y se preocupa y se identifica con nosotros. Cuando tenemos esa fe se producen ciertos resultados.

(i) Tenemos una defensa para resistir las infecciones del mundo. Por todos lados nos oprimen los estándares y los motivos mundanos; de todas partes nos llegan las fascinaciones de cosas malas. De dentro y de fuera nos asaltan las tentaciones que son parte de la situación humana en un mundo y una sociedad que no están interesados en Dios, sino que hasta le son hostiles. Pero, una vez que nos damos cuenta de la presencia constante de Dios en Jesucristo con nosotros, tenemos un profiláctico fuerte contra las infecciones del mundo. Es un hecho de la experiencia que la práctica de la bondad es más fácil cuando se está en compañía de gente buena; y, si creemos en la Encarnación, tenemos con nosotros la presencia continua de Dios en Jesucristo.

(ii) Tenemos fuerza para resistir los ataques del mundo. La situación humana está llena de cosas que tratan de apartarnos de nuestra fe. Están los dolores y perplejidades de la vida; las desilusiones y las frustraciones; los fracasos y los desalientos... Pero, si creemos en la Encarnación, creemos en un Dios Que ha pasado por todo esto hasta llegar a la Cruz, y Que puede, por tanto, ayudar a los que lo tengan que pasar.

(iii) Tenemos la esperanza indestructible de la victoria final. El mundo Le hizo todo el mal que pudo a Jesús. Le acosó, Le persiguió y Le calumnió; Le acusó de hereje y amigo de pecadores; Le juzgó y Le crucificó y Le enterró. Hizo todo lo humanamente posible para eliminarle —¡y fracasó! Después de la Cruz vino la Resurrección; después de la vergüenza vino la gloria. Ese es el Jesús Que está con nosotros, Que vio la vida en su aspecto más tenebroso, a Quien la vida trató mal a más no poder, Que murió, Que conquistó la muerte y Que nos ofrece participar en esa victoria que Él ganó. Si creemos que Jesús es el Hijo de Dios tenemos siempre con nosotros al Cristo Vencedor que nos hace vencedores.

## EL AGUA Y LA SANGRE

*1 Juan 5:6-8*

> *Este es el Que vino por medio de agua y sangre — Jesucristo. No fue sólo por agua por lo que vino, sino por agua y por sangre. Y es el Espíritu el Que testifica de esto; porque el Espíritu es la verdad; porque hay tres que testifican, el Espíritu y el agua y la sangre, y los tres concuerdan como uno solo.*

Al principio de su comentario sobre este pasaje Plummer dice: «Este es uno de los pasajes más alucinantes de la epístola, y uno de los más complicados del Nuevo Testamento.» Sin duda, si conociéramos las circunstancias en que Juan estaba escribiendo, y tuviéramos un conocimiento completo de las herejías de las que estaba defendiendo a su pueblo, el sentido aparecería más claro; pero, tal como están las cosas, no podemos hacer más que suponer. Sí sabemos bastante, sin embargo, del trasfondo, para estar razonablemente seguros de que podemos llegar al sentido de las palabras características de este pasaje de Juan.

Está claro que las palabras *agua* y *sangre* en relación con Jesús tenían para Juan un significado especialmente místico y simbólico. En su historia de la Cruz hay un curioso par de versículos:

> *«Uno de los soldados Le atravesó el costado con la lanza, e inmediatamente salieron sangre y agua. Y el que da testimonio de esto lo vio, y lo que dice es cierto; y él sabe que está diciendo la verdad para que vosotros también creáis»* (**Juan 19:34s**).

Está claro que Juan adscribe una importancia particular a ese incidente, y lo garantiza con un certificado de evidencia muy especial. Para él las palabras *agua* y *sangre* en relación con Jesús comunicaban una parte esencial del Evangelio.

El primer versículo del pasaje se expresa oscuramente: «Este es el Que vino por medio de agua y sangre —Jesucristo.» El sentido es que Este es el Que entró en Su mesiazgo, o Se mostró que era el Cristo, mediante agua y sangre.

En relación con Jesús, *agua* y *sangre* no pueden referirse nada más que a dos acontecimientos de Su vida. *El agua* debe referirse a Su *Bautismo. La sangre,* a Su *Cruz.* Juan está diciendo que el Bautismo y la Cruz de Jesús son *ambos* partes esenciales de Su mesiazgo. Pasa a decir que no fue sólo por agua por lo que Él vino, sino por *agua* y por *sangre*. Está claro que algunos decían que Jesús vino por agua, pero no por sangre; en otras palabras: que Su Bautismo era una parte esencial de Su mesiazgo, pero no Su Cruz. Esto es lo que nos da la clave del trasfondo de este pasaje.

Ya hemos visto una y otra vez que tras esta carta se trasluce la herejía del gnosticismo. Y también hemos visto que los gnósticos, creyendo que el espíritu era totalmente bueno y la materia totalmente mala, negaban que Dios viniera en la carne. Así es que tenían la creencia —de la que nos habla Ireneo en relación con el nombre de Cerinto, uno de sus principales representantes y contemporáneo de Juan— de que el Cristo divino había descendido en el Bautismo sobre el hombre Jesús en forma de paloma; Jesús, asociado como si dijéramos con el Cristo que había descendido sobre Él, trajo a los hombres el mensaje del Dios que era un desconocido hasta entonces, y vivió en perfecta virtud; pero en Getsemaní el Cristo divino Se apartó del hombre Jesús y volvió a Su gloria, y fue solamente el hombre Jesús el que fue crucificado en el Calvario y después resucitó. Podríamos decir más sencillamente que Cerinto enseñaba que Jesús llegó a ser divino en Su Bautismo, pero que esa divinidad Le dejó antes de la Cruz, y que murió como un hombre y nada más.

Está claro que tal enseñanza despoja la vida y la muerte de Jesús de todo su valor para nosotros. Tratando de proteger a Dios del contacto con el dolor humano, Le excluye de la obra de la redención.

Lo que Juan está diciendo es que la Cruz es una parte esencial del significado de Jesús, y que Dios estuvo presente en la muerte de Jesús exactamente lo mismo que lo estuvo en toda Su vida.

## EL TRIPLE TESTIMONIO

*1 Juan 5:6-8 (conclusión)*

Juan pasa a hablar del triple testimonio.

Está el testimonio *del Espíritu.* En este punto Juan está pensando en tres cosas. (i) El relato del Nuevo Testamento es claro en que en el Bautismo de Jesús el Espíritu descendió sobre Él de una manera muy especial *(Marcos 1:9-11; Mateo 3:16s; Lucas 3:21s; Hechos 10:38; Juan 1:32-34).* (ii) El Nuevo Testamento es igualmente claro en que, mientras que Juan vino a bautizar con agua, Jesús vino a bautizar con el Espíritu *(Marcos 1:8; Mateo 3:11; Lucas 3:16; Hechos 1:5; 2:33).* Vino para traer a los hombres el Espíritu con una plenitud y poder desconocidos hasta entonces. (iii) La historia de la Iglesia Original es la prueba de que esta no fue una vana pretensión. Empezó en Pentecostés *(Hechos 2:4),* y se repitió una y otra vez en la historia y experiencia de la Iglesia *(Hechos 8:17; 10:44).* Jesús tenía el Espíritu, y podía dar el Espíritu a los hombres; y la continua evidencia del Espíritu en la Iglesia era —y es— un testimonio incontestable del continuo poder de Jesucristo.

Está el testimonio *del agua.* En el Bautismo de Jesús hubo el testimonio del Espíritu descendiendo sobre Él. Fue precisamente ese acontecimiento lo que le reveló a Juan el Bautista Quién era Jesús. Lo que Juan quiere subrayar es que ese testimonio se mantenía en la Iglesia Original en el Bautismo cristiano. Debemos recordar que en los orígenes de la historia de la Iglesia el Bautismo era de adultos, ya que se trataba de hombres y mujeres que ingresaban en la Iglesia mediante confesión de fe, porque venían directamente del paganismo, y empezaban una vida totalmente nueva. En el Bautismo cristiano ocurrían cosas. La persona era sumergida en el agua, y moría con Cristo; y surgía del agua resucitada con Cristo a una nueva vida. Por tanto, el Bautismo cristiano era un testimonio del poder continuo de Jesucristo. Era un testimonio de que Él seguía estando vivo, y de que Él era sin duda divino.

Está el testimonio de *la sangre.* La sangre era la vida. En cualquier sacrificio, la sangre se consagraba a Dios y sólo a Él. La muerte de Cristo fue el perfecto Sacrificio; en la Cruz derramó Su sangre en sacrificio a Dios. La experiencia de los hombres era que el sacrificio era eficaz y los redimía y reconciliaba con Dios dándoles la paz con Dios. Continua y regularmente se observaba —y se observa— la Cena, la Eucaristía.

En ella se representa plenamente el sacrificio de Cristo; y en ella se da a las personas la oportunidad, no sólo de darle gracias a Cristo por Su Sacrificio, hecho una vez por todas, sino también de apropiarse los beneficios y de recibir Su poder sanador. Eso sucedía en el tiempo de Juan. A la Mesa del Señor los creyentes se encontraban con Cristo y experimentaban Su perdón y la paz con Dios que Él traía. Y seguimos teniendo esa experiencia; y por tanto la fiesta es un testimonio continuo del poder reconciliador del Sacrificio de Jesucristo.

El Espíritu y el agua y la sangre se combinan para mostrar como el perfecto Mesías, el perfecto Hijo de Dios y el perfecto Salvador a este Hombre Jesús en Quien Dios Se nos ha manifestado. El don continuado del Espíritu, la continuada muerte y resurrección del Bautismo, la continuada disponibilidad del Sacrificio de la Cruz a la Mesa del Señor siguen siendo los testigos de Jesucristo.

### Nota sobre 1 Juan 5:7

En la versión Reina-Valera hay un versículo que hemos omitido. Dice: «Tres son los que dan testimonio en el cielo: el Padre, el Verbo y el Espíritu Santo; y estos tres son uno.»

Las versiones modernas no incluyen este texto. Véase la nota de la versión Bover-Cantera. Es seguro que no formaba parte del texto original.

Los hechos son los siguientes. Primero, que no aparece en ninguno de los manuscritos griegos anteriores al siglo XIV. Los manuscritos clave pertenecen a los siglos III y IV, y este versículo no aparece en ninguno de ellos. Ninguno de los primeros padres de la Iglesia dio señales de conocerlo. La versión original de la Vulgata de Jerónimo no lo incluye. La primera persona que lo cita es el hereje español Prisciliano, que murió en el año 385 d.C. Después se fue introduciendo gradualmente en el texto latino del Nuevo Testamento, aunque, como hemos visto, no aparece en los manuscritos griegos.

Entonces, ¿cómo llegó a formar parte del texto? En su origen debe de haber sido una glosa o comentario que un copista añadió al margen, y el siguiente pensó que estaba allí porque se había omitido involuntariamente. Como parecía ofrecer una buena base para la doctrina de la Trinidad, con el tiempo llegó a ser aceptado por los teólogos como parte del texto, especialmente en aquellos días tempranos de la investigación bíblica anterior al descubrimiento de los grandes manuscritos.

Pero, ¿cómo se mantuvo y llegó a formar parte de la Reina-Valera y otras traducciones clásicas como la Autorizada inglesa? El primer texto del Nuevo Testamento griego que se publicó fue el de Erasmo, en 1514, aunque el de la Biblia Políglota Complutense del cardenal Cisneros se imprimió antes, pero no salió al público hasta después. Erasmo fue un gran erudito; y, sabiendo que este versículo no formaba parte del texto original, no lo incluyó en su primera edición. Pero para entonces, sin embargo, los teólogos ya estaban usándolo. Se había incluido, por ejemplo, en la Vulgata Latina de 1514. A Erasmo se le criticó por omitirlo. Su respuesta fue que si se le mostraba algún manuscrito griego que lo incluyera, lo imprimiría en la edición siguiente. Alguien le mostró un texto muy tardío y deficiente en el que el versículo aparecía en griego; y Erasmo, fiel a su palabra pero muy en contra de su juicio y voluntad, imprimió el versículo en su edición de 1522.

El paso siguiente fue que en 1550 Stephanus imprimió su gran edición del Nuevo Testamento griego. Esta edición de Stephanus se llamó, mejor dicho, él mismo le dio el nombre de *Textus receptus,* texto tradicional, que fue la base de la Biblia del Oso y de tantas otras traducciones clásicas y del texto griego durante siglos. Así es como este versículo llegó a la Reina-Valera. Por supuesto que no hay nada en él que esté mal, pero la investigación moderna ha dejado bien claro que Juan no fue el que lo escribió, y que es un comentario muy posterior y una añadidura a sus palabras. Y por eso la mayor parte de las traducciones modernas lo omiten.

## EL TESTIMONIO DE MAYOR EXCEPCIÓN

**1 Juan 5:9s**

> Si aceptamos el testimonio de los hombres, con
> mucha más razón el testimonio de Dios. Y este es el
> testimonio de Dios acerca de Su Hijo. El que cree en
> el Hijo de Dios tiene ese testimonio dentro de sí. El que
> no cree a Dios, Le ha dejado por mentiroso, porque no
> da crédito al testimonio que Dios ha dado de Su Hijo.

Hay dos ideas básicas por detrás de este pasaje.

Está la idea del Antiguo Testamento de lo que constituye
un testimonio aceptable. La Ley era absolutamente clara: «No
se tendrá en cuenta a un solo testigo contra alguien en cualquier
delito ni en cualquier pecado, en relación con cualquier ofensa
cometida. Sólo por el testimonio de dos o tres testigos se tendrá
en cuenta la acusación» *(Deuteronomio 19:15;* cp. *17:6).* Un
triple testimonio humano era suficiente para establecer cualquier hecho. ¡Cuánto más se debe considerar convincente el
triple testimonio divino, el del Espíritu, el agua y la sangre!

Segundo, la idea del testimonio es una parte esencial del
pensamiento de Juan. Encontramos en su evangelio diferentes
testimonios que convergen en la Persona de Jesucristo. Juan
el Bautista es un testigo de Jesús *(Juan 1:15, 32-34; 5:33).* Las
obras de Jesús son un testimonio de Él *(Juan 5:36).* Las Escrituras dan testimonio de Él *(Juan 5:39).* El Padre Que Le
envió es Su Testigo *(Juan 5:30-32, 37; 8:18).* El Espíritu es
testigo de Jesús: «Cuando venga el Ayudador, al Que Yo os
mandaré desde el Padre (Me refiero al Espíritu de la Verdad,
Que procede del Padre), Él será Mi testigo» *(Juan 15:26).*

Juan pasa a usar una frase que es una de las favoritas de su
evangelio. Habla de la persona que «cree en el Hijo de Dios.»
Hay una amplia diferencia entre *creer a* una persona, y *creer
en* ella. Si *creemos a* una persona, no hacemos más que aceptar
como verdadero lo que esté diciendo en aquel momento. Si

*creemos en* una persona, la aceptamos totalmente con todo lo que representa con completa confianza. Estaríamos dispuestos, no sólo a confiar en lo que nos dice, sino también en ella. Creer en Jesucristo es mucho más que aceptar como cierto lo que Él nos dice. Es además entregarnos en Sus manos para toda la vida y la eternidad.

Cuando una persona hace eso, el Espíritu Santo testifica en su interior de que está haciendo lo que es correcto. Es el Espíritu Santo el que le da la convicción del valor supremo y definitivo de Jesucristo, y le asegura de que actúa rectamente al hacer este acto de entrega a Él. El que se niegue a hacerlo está rechazando los impulsos del Espíritu Santo en su corazón.

Si una persona se niega a aceptar la evidencia de otras que han experimentado lo que Cristo puede hacer, la evidencia de las obras de Cristo, de las Escrituras, del Espíritu Santo y de Dios mismo, en efecto está llamando mentiroso a Dios, lo cual es el colmo de la blasfemia.

## LA ESENCIA DE LA FE

*1 Juan 5:11-13*

> *Y este es el testimonio: Que Dios nos ha dado la vida eterna, la cual está en Su Hijo. El que tiene al Hijo, tiene la vida; el que no tiene al Hijo, no tiene la vida.*
>
> *Os he escrito estas cosas a los que creéis en el nombre del Hijo de Dios para que sepáis que tenéis la vida eterna.*

Con este párrafo llega a su fin la carta propiamente dicha. Lo que sigue es más bien una posdata. El final es la afirmación de que la esencia de la vida cristiana es *la vida eterna*.

La palabra para *eterna* es *aiônios*. Quiere decir mucho más que simplemente que no se acaba nunca. Una vida que durara para siempre, que no tuviera fin, podría considerarse una maldición y no una bendición, una carga intolerable y no un regalo maravilloso. Hay solamente Uno a Quien se puede aplicar adecuadamente *aiônios,* y es Dios. En el verdadero sentido de la palabra, Dios es el único que posee y habita la eternidad. *La vida eterna* no es otra cosa que *la vida de Dios mismo.* Lo que se nos promete es que aquí y ahora se nos puede conceder participar de la misma vida de Dios.

En Dios hay *paz,* y por tanto *la vida eterna* quiere decir *serenidad.* Quiere decir una vida liberada de los temores que asedian la situación humana. En Dios hay *poder,* y por tanto *la vida eterna* quiere decir *la derrota de la frustración.* Quiere decir una vida llena del poder de Dios, y por tanto victoriosa sobre las circunstancias. En Dios hay *santidad,* y por tanto *la vida eterna* quiere decir *la derrota del pecado.* Quiere decir una vida revestida de la pureza de Dios e impenetrable a las infecciones contaminantes del mundo. En Dios hay *amor,* y por tanto *la vida eterna* quiere decir *el final del rencor, la amargura y el odio.* Quiere decir una vida que tiene en el corazón el amor de Dios, y el invencible amor del hombre en todos sus sentimientos y en todas sus acciones. En Dios hay *vida,* y por tanto *la vida eterna* quiere decir *la derrota de la muerte.* Quiere decir una vida que es indestructible porque tiene en sí la indestructibilidad de Dios mismo.

Juan está convencido de que tal vida nos viene por medio de Jesucristo y no de ninguna otra manera. ¿Por qué había de ser así? Si la vida eterna es la vida de Dios, quiere decir que podemos poseer esa vida sólo cuando conocemos a Dios y somos capacitados para acceder a Él y descansar en Él. Podemos hacer estas dos cosas solamente en Jesucristo. El Hijo es el único que conoce plenamente al Padre; y por tanto es el único que puede revelarnos plenamente cómo es Dios. Como decía Juan en su evangelio: «Nadie ha visto nunca a Dios. Es el Único, Que es Dios, Que está en el seno del Padre, Quien nos lo ha dicho todo acerca de Dios» *(Juan 1:18).* Y Jesucristo es el único Que nos puede traer a Dios. Es en Él en Quien se nos abre el camino nuevo y vivo a la presencia de Dios *(Hebreos*

*10:19-23)*. Podemos usar una analogía sencilla. Si queremos
llegar a alguien a quien no conocemos, y que se mueve en un
nivel totalmente diferente del nuestro, podemos conseguirlo
solamente si encontramos a alguien que le conozca y esté
dispuesto a presentárnosle. Eso es lo que Jesús hace por nosotros en relación con Dios. La vida eterna es la vida de Dios,
y sólo podemos encontrarla por medio de Jesucristo.

## LA BASE Y EL PRINCIPIO
## DE LA ORACIÓN

*1 Juan 5:14s*

> *Y esta es la confianza que tenemos en relación con*
> *Él: Que, si pedimos alguna cosa que esté de acuerdo con*
> *Su voluntad, Él nos oye; y, si sabemos que Él nos oye*
> *en lo que Le hayamos pedido, sabemos que disponemos*
> *de las peticiones que Le hayamos hecho.*

Aquí se nos establecen al mismo tiempo la base y el principio de la oración.

(i) *La base de la oración* es el simple hecho de que Dios
escucha nuestras oraciones. La palabra que usa Juan para
*confianza* es interesante. Es *parrêsía*. En su origen, *parrêsía*
quería decir *libertad de palabra,* la libertad para hablar libremente que existe en una verdadera democracia. Más tarde vino
a denotar cualquier clase de confianza. Con Dios tenemos
libertad para hablar; Él está siempre a la escucha, más dispuesto a oír de lo que nosotros estamos a orar. No tenemos que
vencer ninguna dificultad para llegarnos a Su presencia, ni que
inducirle a prestarnos atención. Él está esperando que nos
dirijamos a Él. Sabemos lo que es a veces estar esperando la
llegada del cartero o la llamada de teléfono que nos traiga noticias de algún ser amado. Con toda reverencia podemos decir
que así está Dios esperando noticias nuestras.

(ii) *El principio* de la oración es que para que sea contestada debe estar *de acuerdo con la voluntad de Dios.* Tres veces establece Juan en sus escritos lo que podría llamarse las condiciones de la oración. (*a*) Dice que *la obediencia* es una condición de la oración. Recibimos lo que pidamos, porque guardamos Sus mandamientos *(1 Juan 3:22).* (*b*) Dice que *permanecer en Cristo* es una condición de la oración. Si habitamos en Él, y Sus palabras habitan en nosotros, pediremos lo que necesitemos, y se nos concederá *(Juan 15:7).* Cuanto más cerca vivamos de Cristo, más oraremos como es debido. Y cuanto más correctamente oremos, mayor será la respuesta que recibamos. (*c*) Dice que orar *en Su nombre* es una condición de la oración. Si pedimos alguna cosa en Su nombre, Él la hará *(Juan 14:14).* La prueba definitiva de cualquier petición es: ¿*Podemos* decirle a Jesús: «Dame esto por causa de *Ti* y en *Tu* nombre?»

La oración debe ser *de acuerdo con la voluntad de Dios.* Jesús nos enseña a pedir: «Hágase Tu voluntad,» y no: «Cámbiese Tu voluntad;» «Haz conmigo lo que Tú quieras,» y no lo que yo quiero. Jesús mismo, en el momento de Su gran agonía y crisis, oro: «No como Yo quiero, sino lo que Tú... Hágase Tu voluntad» *(Mateo 26:39, 42).* Aquí tenemos la misma esencia de la oración. C. H. Dodd escribe: «La oración, entendida como es debido, no es un truco para emplear los recursos de la Omnipotencia para cumplir nuestros propios deseos, sino un medio por el cual nuestros deseos se reciclen de acuerdo con la mente de Dios, y lleguen a ser canales para las fuerzas de Su voluntad.» A. E. Brooke sugiere que Juan pensaba en la oración como «incluyendo solamente peticiones para el conocimiento y la conformidad con la voluntad de Dios.» Hasta los grandes paganos lo entendían así. Escribía Epicteto: «Ten valor para elevar la vista hacia Dios y decirle: "Trátame como Tú quieras desde ahora en adelante. Yo soy uno contigo; soy Tuyo; no me aparto de nada que Tú consideres bueno. Guíame por donde Tú quieras; vísteme como Tú quieras. ¿Quieres que asuma un cargo, o que lo rechace, que permanezca o que huya, que sea rico o pobre? Por todo esto yo estaré de Tu parte ante todo el mundo"»

Aquí hay algo que debemos meditar y asumir. Somos propensos a creer que la oración es pedirle a Dios lo que queramos, cuando la verdadera oración es pedirle lo que Él quiera. La oración es, no sólo hablar con Dios; sino, sobre todo, escucharle.

## ORANDO POR EL HERMANO QUE PECA

*1 Juan 5:16s*

> *Si alguien ve cometer a su hermano un pecado que no es de los que conducen a la muerte, que pida vida para él, y se le concederá; me refiero a los que cometen un pecado que no es de los que conducen a la muerte.*
>
> *Hay pecados que conducen a la muerte; no es por esos por los que os decía que se debe pedir. Toda maldad es pecado; pero hay pecados que no conducen a la muerte.*

Sin duda este es uno de los pasajes más difíciles e inquietantes. Antes de enfrentarnos con sus problemas, consideremos sus certezas.

Juan acaba de hablar acerca del privilegio cristiano de la oración; y ahora pasa a referirse específicamente a la oración por el hermano que necesita que se ore por él. Es muy significativo que, cuando Juan habla acerca de una clase de oración, no es la oración por nosotros mismos, sino por otros. Nuestra oración no debe ser nunca egoísta; no debe concentrarse exclusivamente en nosotros mismos y nuestros problemas y necesidades. Debe ser una actividad hacia fuera de nosotros. Como decía Westcott: «La meta de la oración es la perfección de todo el Cuerpo de Cristo.»

Una y otra vez hacen hincapié los autores del Nuevo Testamento en la necesidad de esta oración de intercesión. Pablo escribe a los tesalonicenses: «Hermanos, orad por

nosotros» *(1 Tesalonicenses 5:25)*. El autor de *Hebreos* dice:
«Orad por nosotros» *(Hebreos 13:18s)*. Santiago dice que, si
alguien está enfermo, debe llamar a los ancianos para que oren
por él *(Santiago 5:14)*. El consejo de Pablo a Timoteo es que
se haga oración por todo el mundo *(1 Timoteo 2:1)*. El cristiano
tiene el tremendo privilegio de llevar a su hermano al trono de
la gracia. Hay tres cosas que decir sobre esto.

(i) Naturalmente que debemos orar por los que están enfermos, e igualmente por los que se apartan de Dios. Debería ser
lo mismo de natural el orar por la sanidad de las almas como
lo es por la sanidad de los cuerpos. Puede ser que no haya nada
más grande que podamos hacer por la persona que se descarría
y que está en peligro de naufragar en su vida espiritual que
encomendarla a la gracia de Dios.

(ii) Pero hay que tener presente que, cuando hemos orado
por la persona, ahí no termina nuestra responsabilidad. En esto,
como en todas las demás cosas, nuestra primera responsabilidad es buscar la manera de que nuestras oraciones se hagan
realidad. A menudo será nuestro deber hablar con la persona.
No debemos conformarnos con hablarle a Dios acerca de ella,
sino también con ella acerca de sí misma. Dios necesita un
canal por el que pueda fluir Su gracia y un agente mediante
el cual actuar; y bien puede ser que hayamos de ser Su voz e
instrumento en ese caso.

(iii) Ya hemos pensado antes sobre la base y el principio
de la oración; pero aquí nos encontramos con una limitación
de la oración. Bien puede ser que Dios quiera contestar nuestra
oración; bien puede ser que oremos con toda la sinceridad de
nuestro corazón, pero el propósito de Dios y nuestra oración
los puede frustrar la persona por la que oramos. Si oramos por
un enfermo que desobedece a sus médicos y actúa estúpida-
mente, nuestra oración se frustrará. Puede que Dios impulse,
insista, advierta, ofrezca; pero ni siquiera Dios puede violar la
libertad de acción que Él mismo nos ha dado a todos. Es a
menudo la insensatez de la persona la que frustra nuestras
oraciones y cancela la gracia de Dios.

## EL PECADO QUE CONDUCE A LA MUERTE

*1 Juan 5:16s (continuación)*

En este pasaje se nos habla del pecado que conduce a la muerte y del que no. Algunas traducciones, entre ellas la Autorizada inglesa, lo traducen por el pecado «mortal». La Reina-Valera lo llama «pecado de muerte.»

Se han hecho muchas sugerencias sobre lo que quiere decir. Los judíos distinguían dos clases de pecados. Había pecados que una persona cometía involuntariamente o, por lo menos, no deliberadamente. Estos eran los pecados que se podían cometer por ignorancia, o dominados por algún impulso arrollador, o en algún momento de intensa emoción en que las pasiones son demasiado fuertes para que las sujete la voluntad en la traílla. Por otra parte estaban los pecados de la mano levantada y el corazón soberbio, los pecados que uno cometía deliberadamente, en los que seguía su propio camino sabiendo que era contrario al de Dios. Era por la primera clase de pecados por los que el sacrificio hacía expiación; pero por los pecados del corazón soberbio y de la mano alzada no se podía hacer expiación de ninguna manera.

Plummer recoge tres sugerencias. (i) Los pecados de muerte puede que sean pecados que *se castigan* con la muerte. Pero está claro que este pasaje no está considerando los pecados que son una infracción de leyes hechas por los hombres, por muy serios que sean. (ii) Los pecados de muerte puede que sean pecados que Dios visita con la muerte. Pablo escribe a los corintios que, a causa de su conducta indigna a la Mesa del Señor, hay muchos entre ellos enfermos y muchos que han dormido, es decir, que han muerto *(1 Corintios 11:30);* y se sugiere que se refiere a los pecados que son tan serios que Dios envía la muerte. (iii) Los pecados de muerte puede que sean los que se castigan con la excomunión de la Iglesia.

Cuando Pablo escribe a los corintios acerca de un pecador notorio al que no han tratado adecuadamente, demanda que sea «entregado a Satanás.» Esa era la fórmula de la excomunión. Pero Pablo pasa a decir que, aunque este castigo es muy severo y doloroso, y aunque sus consecuencias pueden ser temibles, lo que se desea es salvar el alma de la persona en el Día del Señor Jesús *(1 Corintios 5:5)*. Es un castigo que no acaba en muerte. Ninguna de estas explicaciones nos satisface del todo.

Hay otras tres sugerencias para la identificación de este pecado de muerte.

(*a*) Hay una línea de pensamiento en el Nuevo Testamento que apunta al hecho de que algunos mantenían que no había perdón para el pecado después del bautismo. Creían que el Bautismo limpiaba de todos los pecados pasados, pero que después del Bautismo ya no se perdonaban más. Hay un eco de esa línea de pensamiento, o su causa, en *Hebreos:* «Es imposible restaurar otra vez mediante arrepentimiento a los que ya han sido iluminados, que han saboreado el don celestial y han llegado a entrar en la comunión del Espíritu Santo, y han saboreado la dulzura de la Palabra de Dios y los poderes de la edad por venir, si entonces cometen apostasía» *(Hebreos 6:4-6)*. En la terminología cristiana original *el ser iluminado* se usaba frecuentemente como un término técnico para *ser bautizado*. Era de hecho esa creencia lo que hacía que muchos pospusieran su bautismo lo más posible. Pero la esencia de esa afirmación de *Hebreos* es que la restauración se hace imposible cuando se hace imposible el arrepentimiento. No se refiere tanto al Bautismo como al arrepentimiento. Más tarde, en la Iglesia Primitiva, hubo una línea fuerte de pensamiento que declaraba que la apostasía no se perdonaba nunca. En los días de las grandes persecuciones, algunos decían que los que por miedo o bajo tortura habían negado su fe no podían ser restaurados, porque Jesús había dicho: «Al que Me niegue ante los hombres, Yo también le negaré ante Mi Padre Que está en el Cielo» *(Mateo 10:33;* cp. *Marcos 8:38; Lucas 9:26)*. Pero se debe recordar siempre que el Nuevo Testamento cuenta la terrible negación de Pedro, y su total restauración. Como sucede a menudo, Jesús era más benigno que Su Iglesia.

(*c*) Se podría argüir sobre la base de esta misma carta de Juan que el más terrible de todos los pecados era la negación de que Jesús vino realmente en la carne; porque ese pecado era nada menos que la marca del Anticristo (*1 Juan 4:3*). Si el pecado de muerte se ha de identificar con cualquier pecado concreto, sería con ese. Pero creemos que se trata de algo todavía más grave que eso.

## LA ESENCIA DEL PECADO

*1 Juan 5:16s* (*conclusión*)

En primer lugar, tratemos de fijar más exactamente el sentido del *pecado de muerte*. En griego se dice que es el pecado *pros thánaton*. Eso quiere decir *el pecado que va hacia la muerte,* el pecado cuyo fin es la muerte, el pecado que, si se continúa en él, debe acabar en muerte. Lo terrible de él no es tanto lo que es en sí mismo sino dónde termina si uno persiste en él.

Es un hecho de experiencia que hay dos clases de pecadores. Por una parte está la persona que se puede decir que peca contra su voluntad; peca porque es arrastrada por la pasión o el deseo, que en ese momento son demasiado fuertes para ella. Su pecado no es tanto cuestión de elección como de impulso irresistible. Por otra parte está la persona que peca deliberadamente, siguiendo a propósito su propio camino, aunque plenamente consciente de que es equivocado.

Ahora bien, estas dos personas fueron iguales en un principio. Es la experiencia de todos nosotros que la primera vez que se hace algo malo se hace con retraimiento y temor; y, después de haberlo hecho, se siente dolor y remordimiento y pesar. Pero, si se permite una y otra vez coquetear con la tentación y caer, en cada ocasión el pecado se hace más fácil; y, si cree evitar las consecuencias, en cada ocasión el disgusto y el remordimiento y el arrepentimiento se hacen cada vez menores; y por último se alcanza un estado en el que se puede pecar sin ningún temor. Es precisamente ese el pecado que conduce a la muerte. Mientras una persona, en lo más íntimo de su corazón, aborrezca el pecado y se aborrezca a sí misma por caer en él; mientras se dé cuenta de que está pecando, no se encuentra demasiado lejos del arrepentimiento; y, por tanto, nunca está fuera de la esfera del perdón; pero una vez que empieza a complacerse en el pecado y a considerarlo el curso de acción de su vida, va de camino a la muerte, porque se dirige a un estado en el que la idea del arrepentimiento no puede entrar en sus cálculos.

El pecado de muerte es el estado de la persona que ha escuchado el pecado y se ha negado a escuchar a Dios tan a menudo que ama su pecado y lo considera la cosa más normal y agradable del mundo.

## LA TRIPLE CERTEZA

**1 Juan 5:18-20**

> *Sabemos que el que ha recibido su nacimiento de Dios no peca, sino que Aquel Cuyo nacimiento fue de Dios le guarda, y el Maligno no le puede tocar.*
>
> *Sabemos que es de Dios de Quien recibimos nuestro ser, y todo el mundo yace bajo el dominio del Maligno.*
>
> *Sabemos que el Hijo de Dios ha venido, y nos ha dado discernimiento para llegar a conocer al Verdadero; y estamos en el Verdadero por medio de Su Hijo Jesucristo. Este es el verdadero Dios, y esta es la Vida Eterna.*

Juan se acerca al final de su carta con una afirmación de la triple certeza cristiana.

(i) El cristiano está emancipado del poder del pecado. Debemos poner interés para ver lo que esto significa. No

quiere decir que el cristiano no peque nunca; pero sí quiere
decir que no es un esclavo del pecado. Como lo expresa
Plummer: «Un hijo de Dios puede que peque, pero su condición normal es resistir al mal.» La diferencia estriba en esto:
El mundo pagano era consciente por encima de todo de su
derrota moral. Conocía su propio mal, y tenía el sentimiento
de que no tenía remedio. Séneca hablaba de «nuestra debilidad
en las cosas necesarias.» Decía que las personas «odiaban sus
pecados, pero no podían desprenderse de ellos.» Persio, el
satírico latino, en una famosa descripción hablaba del «asque-
roso Natta, un hombre sentenciado a muerte en el vicio, que
no tiene sentimiento de pecado, ni conocimiento de lo que se
está perdiendo; que está tan hundido que ya no lanza ni pompas
a la superficie.» El mundo pagano estaba completamente derrotado por el pecado.

Pero el cristiano es una persona que nunca puede perder la
batalla. Porque es un ser humano, cae en pecado a veces; pero
no podrá nunca experimentar la derrota moral total del pagano.
La razón de que el cristiano sea invencible está en que *Aquel
Cuyo nacimiento fue de Dios* le guarda. Es decir, Jesús le
guarda. Como lo expresaba Westcott: «El cristiano tiene un
enemigo activo, pero tiene también un guardián vigilante.» El
pagano es un hombre que ha sido derrotado por el pecado y
ha aceptado la derrota; el cristiano es un hombre que puede
que peque, pero nunca acepta el hecho de la derrota. «Un santo
—ha dicho alguien— no es el que nunca tiene una caída; sino
el que, cada vez que cae, se levanta y prosigue su camino hacia
adelante.»

(ii) El cristiano está de parte de Dios frente al mundo. La
fuente de nuestro ser es Dios, pero el mundo yace bajo el poder del Maligno. En los primeros días, la escisión entre la
Iglesia y el mundo era mucho más clara de lo que lo es ahora.
Por lo menos en el mundo occidental vivimos en una civili-
zación impregnada de principios cristianos. Aunque no se
practiquen, por lo menos se aceptan los ideales de castidad,
misericordia, servicio y amor. Pero el mundo antiguo no sabía

nada de la castidad, y poco de la misericordia y del servicio y del amor. Juan dice que el cristiano sabe que está con Dios, mientras que el mundo está en las garras del Maligno. No importa lo que haya podido cambiar la situación; la elección sigue presentándose a las personas sobre si se alinearán con Dios o con las fuerzas que están en contra de Dios.

(iii) El cristiano se da cuenta de que ha entrado en la Realidad que es Dios. La vida está llena de ilusiones y de inestabilidades; por sí mismo, el hombre no puede hacer más que suponer; pero en Cristo tiene acceso al conocimiento de la Realidad. Jenofonte cuenta una conversación entre Sócrates y un joven: «¿Cómo sabes tú eso? —dice Sócrates—. ¿Lo sabes o te lo figuras?» «Lo supongo.» «Muy bien —dice Sócrates—. Cuando hayamos pasado del suponer al saber, ¿quieres que volvamos a hablar del asunto?» ¿Quién soy yo? ¿Qué es la vida? ¿Qué es Dios? ¿De dónde vengo? ¿Adónde voy? ¿Qué es la verdad y dónde está el deber? Estas son las preguntas a las que no se puede contestar nada más que con suposiciones aparte de Jesucristo; pero en Él alcanzamos la Realidad que es Dios. Ha pasado el tiempo de suponer y ha llegado el tiempo de saber.

## EL PELIGRO CONTINUO

**1 Juan 5:21**

*Hijitos, guardaos de los ídolos.*

Con esta repentina y aguda advertencia, Juan pone el punto final a su carta. Aunque es breve, hay un mundo de sentido en esta frase.

(i) En griego la palabra *ídolo* conlleva una sensación de irrealidad. Platón la usaba para las ilusiones de este mundo como opuestas a las realidades inmutables de la eternidad. Cuando los profetas del Antiguo Testamento hablaban de los ídolos de los paganos querían decir que eran falsos dioses, opuestos al único y verdadero Dios. A esto bien puede querer decir, como lo entendía Westcott: «Guardaos de todos los objetos de falsa devoción.»

(ii) Un ídolo es cualquier cosa de este mundo que se trata como si fuera Dios. Uno puede hacer un ídolo de su dinero, de su carrera, de su seguridad, de su placer. Para citar a Westcott otra vez: «Un ídolo es cualquier cosa que ocupa el lugar que Le es debido a Dios.»

(iii) Es probable que Juan quiera decir algo más concreto. Era en Éfeso donde estaba escribiendo, y estaría pensando en las condiciones de Éfeso. Es probable que quiera decir sencilla y claramente: «Guardaos de las contaminaciones del culto pagano.» No había otra ciudad en el mundo antiguo que tuviera tantas vinculaciones con las historias de los dioses paganos, ni que estuviera tan orgullosa de ellos. Tácito escribía acerca de Éfeso: «Los efesios pretenden que Diana y Apolo no habían nacido en Delos como se suponía corrientemente. Tenían la corriente Cencrea y la gruta Ortigia en la que Latona, estando de parto, se había apoyado en un olivo que hay allí, y había dado a luz a estas deidades... Fue allí donde el mismo Apolo, después de matar al Cíclope, había escapado de la ira de Júpiter; y también donde el padre Baco, después de su victoria, les había perdonado la vida a las suplicantes amazonas que habían ocupado su altar.»

Además, estaba en Éfeso el gran templo de Diana, una de las maravillas del mundo antiguo. Había por lo menos tres cosas en relación con el templo que justificarían la seria advertencia de Juan sobre el peligro de la idolatría.

(*a*) El templo era el centro de ritos inmorales. Los sacerdotes recibían el nombre de *Magabyzi*. Eran eunucos. Se decía que la diosa era tan caprichosa que no podía soportar a ningún macho cerca; otros decían que era tan lasciva que les era peligroso a los varones acercarse a ella. El gran filósofo Heráclito era natural de Éfeso. Le llamaban «el filósofo llorón,» porque no se le había visto nunca sonreír. Decía que la oscuridad del acceso al altar del templo era la oscuridad de la vileza; que la moral del templo era peor que la de las bestias; que los habitantes de Éfeso no merecían más que ahogarse, y que la razón de que no pudiera ni sonreír era que vivía en medio de una suciedad tan terrible. Para un cristiano, el tener cualquier contacto con todo eso era tocar la infección.

(*b*) El templo tenía el derecho de asilo. Cualquier criminal que llegara a su término estaba a salvo. El resultado era que era la guarida de muchos criminales. Tácito acusaba a Éfeso de proteger los crímenes de los hombres llamándolos el culto de la diosa. El tener algo que ver con el templo de Diana era estar asociado con los desechos de la sociedad.

(*c*) El templo de Diana era el centro de la venta de las cartas efesias, que eran fetiches que se llevaban como amuletos, y que se suponía que hacían que se cumplieran los deseos de los que los llevaban. Éfeso era «preeminentemente la ciudad de la astrología, la brujería, los encantamientos, los exorcismos y todas las demás formas de falsedades mágicas.» El tener algo que ver con el templo de Diana era estar en contacto con la superstición comercializada y con las negras artes.

Nos es difícil figurarnos hasta qué punto estaba Éfeso dominado por el templo de Diana. No le sería fácil a un cristiano guardarse de los ídolos en una ciudad así, pero Juan demanda que se cumpla. El cristiano no debe nunca perderse en las ilusiones de la religión pagana. No debe nunca erigir un altar en su corazón a un ídolo para que tome el lugar de Dios; debe guardarse del contagio de las falsas creencias; y únicamente lo podrá hacer caminando con Cristo.

# INTRODUCCIÓN A LAS CARTAS
## SEGUNDA Y TERCERA DE JUAN

La misma brevedad de estas dos cartas es la mejor garantía de su autenticidad. Son tan cortas y comparativamente sin importancia que nadie se habría metido en problemas para inventarlas ni para atribuírselas a Juan. Una hoja corriente de papiro mediría unos 30 por 20 centímetros, lo suficiente para escribir cada una de estas cartas.

## EL ANCIANO

Cada una de ellas dice venir del «Anciano». *Segunda de Juan* empieza: «Del Anciano, a la Señora Elegida y a sus hijos.» *Tercera de Juan* empieza: «Del anciano, al querido Gayo.» Es lo menos probable que *el anciano* sea un título eclesiástico u oficial. Los ancianos eran los responsables de una congregación, y su jurisdicción no se extendía fuera de ella, mientras que el autor de estas cartas da por sentado que tiene derecho a hablar, y que su palabra será aceptada en congregaciones en las que no está presente. Habla como quien tiene autoridad en la Iglesia universal. La palabra original es *presbyteros,* que quería decir en su origen *anciano,* no en el sentido eclesiástico, sino en el sentido natural de la edad. No es de su posición en la Iglesia sino de su edad y cualidades personales de las que el autor de esta carta deriva su autoridad.

De hecho sabemos que en Éfeso había un anciano llamado Juan que tenía una posición muy especial. En los días de la

Iglesia Primitiva hubo un eclesiástico llamado Papías que vivió entre los años 70 y 146 d.C. Estaba especialmente interesado en recoger toda la información que pudiera encontrar acerca de los primeros días de la Iglesia. No era un gran investigador. Eusebio le despacha como «un hombre de inteligencia muy limitada;» pero nos transmite alguna información de lo más interesante. Llegó a ser obispo de Hierápolis, pero mantuvo una relación estrecha con Éfeso, y nos habla de sus propios métodos para adquirir información. Usa frecuentemente la palabra *anciano* refiriéndose a los primeros padres de la Iglesia, y menciona a un *anciano* especialmente distinguido que se llamaba Juan. «No dudaré —escribe— en tomar nota para vosotros, juntamente con mis propias interpretaciones, de cualesquiera cosas que haya aprendido alguna vez con todo cuidado de *los ancianos,* y recordado cuidadosamente para garantizar su verdad. Porque yo no me complacía, como la mayoría, en los que hablan mucho, sino en los que enseñan la verdad; no en los que relatan mandamientos extraños, sino en los que transmiten los mandamientos dados por el Señor en relación con la fe, y que surgen de la verdad misma. Así que, si llegaba alguien que había sido seguidor de *los ancianos,* yo le preguntaba acerca de las palabras de *los ancianos* —lo que habían dicho Andrés o Pedro, o Felipe o Tomás o Santiago o Juan o Mateo o cualquier otro de los discípulos del Señor; y las cosas que decían Aristión o *el anciano Juan.* Porque yo no creía que lo que se obtiene de los libros me aprovecharía tanto como lo que provenía de la voz viva y permanente.» Está claro que *el anciano Juan* era una figura notable en Éfeso, aunque se le distingue claramente del apóstol Juan.

Debe de haber sido este Juan el que escribió estas dos breves cartas. Para entonces era un hombre muy mayor, uno de los últimos nexos que quedaban con Jesús y Sus discípulos. Era un hombre que tenía autoridad de obispo en Éfeso y en su comarca; y, cuando vio que la Iglesia estaba amenazada por problemas y herejías, escribió con corrección generosa y amorosa a su pueblo. Aquí tenemos dos cartas de un santo anciano, uno de los últimos supervivientes de la primera generación de cristianos, un hombre a quien todos amaban y respetaban.

## COMUNIDAD DE AUTOR

No cabe duda de que las dos cartas proceden de la misma mano. Aunque son breves, tienen mucho en común. *Segunda de Juan* empieza: «Del Anciano, a la Señora Elegida y a sus hijos, a los que amo en la verdad.» *Tercera de Juan* empieza: «Del Anciano, al querido Gayo, al que amo en la verdad.» *Segunda de Juan* prosigue: «Me produce una alegría inmensa comprobar que algunos de tus hijos siguen la verdad» (versículo 4); y *Tercera de Juan* prosigue: «No hay para mí mayor alegría que oír que mis hijos siguen la verdad» (4). *Segunda de Juan* termina: «Aunque tengo mucho de que escribirte, prefiero no usar papel y tinta, porque espero ir a verte y hablar contigo cara a cara, lo que completaría nuestra alegría» (versículo 12). *Tercera de Juan* acaba: «Tenía mucho que escribirte, pero prefiero no escribirte con pluma y tinta; espero verte pronto para que hablemos cara a cara» (13s). Existe la mayor semejanza posible entre las dos cartas.

Además existe la conexión más estrecha imaginable entre la situación de estas cartas y la de *Primera de Juan*. En *1 Juan 4:3* leemos: «Todo espíritu que no confiesa a Jesús no es de Dios. Este es el espíritu del Anticristo, del que ya habéis oído que estaba viniendo, y ahora ya está en el mundo.» En *2 Juan 7* leemos: «Muchos engañadores han salido por el mundo, hombres que no quieren reconocer la venida de Jesucristo en la carne; los tales son engañadores y el Anticristo.»

Está claro que *Segunda* y *Tercera de Juan* están íntimamente relacionadas entre sí; y ambas están íntimamente relacionadas con *Primera de Juan*. Tratan de la misma situación, los mismos peligros y las mismas personas.

## EL PROBLEMA DE LA SEGUNDA CARTA

Estas dos cartitas nos presentan unos pocos problemas. El único real es decidir si la Segunda Carta iba dirigida a una persona o a una iglesia. Empieza: «Del Anciano, a la Señora Elegida y a sus hijos.» El problema se centra en la frase *la señora elegida.* En griego es *eklektê kyria,* que se puede entender de tres maneras.

(i) Es remotamente posible, aunque no probable, que *eklektê* sea un nombre propio, y que *kyria* sea una manera afectuosa de dirigirse a ella. *Kyrios* —la forma masculina— tiene muchos sentidos. El más corriente es *señor* como título de respeto; también quiere decir *amo* o *dueño,* de esclavos o posesiones; en un nivel mucho más alto quiere decir *Señor,* y es la palabra que se usa para traducir el tetragrámaton Jehová del Antiguo Testamento o refiriéndose a Jesús. En las cartas *kyrios* tiene un uso especial. Es prácticamente el equivalente del castellano *querido.* Así, por ejemplo, un soldado le escribe a su padre llamándole *Kyrie mu patêr,* Mi querido padre. Es una palabra que combina el afecto y el respeto. Así es que es posible que esta carta fuera dirigida a *Mi querida Eklektê.* Rendel Harris llegó a decir que *Segunda de Juan* no es otra cosa que una carta cristiana de amor. Esto no es probable, como veremos, por más de una razón. Pero hay algo claramente en contra. *Segunda de Juan* termina: «Los hijos de tu hermana elegida te saludan.» En griego aparece de nuevo *eklektê;* y, si es un nombre propio al principio de la carta, también lo será al final. Eso querría decir que había dos hermanas con el mismo extraño nombre de *Eklektê* —lo cual es sencillamente increíble.

(ii) También es posible tomar *Kyria* como nombre propio, porque hay ejemplos de este uso. En tal caso tomaríamos *eklektê* en su sentido normal en el Nuevo Testamento, y la carta se habría dirigido a *la elegida Kyria.* Las objeciones son triples. (*a*) Parece improbable que se dirigiera la carta a una sola persona  con la expresión *amada por todos los que han conocido la verdad* (versículo 1). (*b*) El versículo 4 dice que

Juan se regocijó cuando vio que algunos de los hijos de ella andaban en la verdad, lo que implicaría que otros no andaban en la verdad. Esto parece referirse a un número mayor del que podría contener la familia de una mujer. (*c*) La objeción definitiva es que en toda la carta el autor se dirige a *Eklektê Kyria* unas veces en singular y otras en plural. En singular aparece en los versículos 4, 5 y 13; y en plural en 6, 8, 10, 12. Es casi imposible el que se dirija uno a un individuo de esas dos maneras.

(iii) Así es que debemos llegar a la conclusión de que *la señora elegida* quiere decir *una iglesia.* Hay de hecho buena evidencia de que la expresión se usaba con ese sentido. *1 Pedro,* en la Reina-Valera, termina con saludos de «la iglesia que está en Babilonia, elegida juntamente con vosotros» *(1 Pedro 5:13).* En la *Antigua versión,* las palabras *iglesia que está* aparecían así, en cursiva, para indicar que no estaban en el original y que se habían añadido para aclarar el sentido. El griego dice literalmente: «la elegida en Babilonia.» Pocos han puesto en duda que la frase quiere decir «la iglesia que está en Babilonia,» que es también como debemos tomarla en la carta de Juan. Sin duda el título de *La Señora Elegida* se remonta a la idea de la Iglesia como la Esposa de Cristo. Podemos estar seguros de que *Segunda de Juan* no se escribió a una persona, sino a una iglesia.

## EL PROBLEMA DE LA IGLESIA PRIMITIVA

*Segunda* y *Tercera de Juan* arrojan un haz de luz sobre el problema que más tarde o más temprano tenía que surgir en la organización de la Iglesia Primitiva. Veamos si podemos reconstruir la situación que hay detrás de ellas. Está claro que el Anciano Juan considera que tiene derecho a actuar como guía y consejero, y aportar advertencias y represiones en las iglesias cuyos miembros son sus hijos espirituales. En *Segunda de Juan* escribe a los que se están portando bien (versículo 4) y, por implicación sugiere que hay otros que no están actuando de manera tan satisfactoria. Además, deja bien claro que hay maestros itinerantes en el distrito, algunos de los cuales van predicando doctrina falsa y peligrosa, y da órdenes para que los tales no sean aceptados (versículos 7-11). Así es que aquí Juan está ejerciendo lo que considera su derecho incuestionable a dar órdenes a sus iglesias, y está tratando de protegerlas frente a una situación en la que los maestros itinerantes de falsedad pueden llegar en cualquier momento.

La situación tras *Tercera de Juan* es algo más complicada. La carta va dirigida a un tal Gayo, cuyo carácter y acciones Juan aprueba totalmente (versículo 3-5). Habían venido a la iglesia unos misioneros ambulantes que eran colaboradores de la verdad, y Gayo les había ofrecido una hospitalidad cristiana auténtica (versículos 6-8). En la misma iglesia había otro hombre, Diótrefes, al que le encantaba ser el mandamás (versículo 9). Diótrefes se nos presenta como un dictador que no admite rivales. Se había negado a recibir a los maestros ambulantes de la verdad, y había tratado de echar de la iglesia a los que los recibían. No quería tener nada que ver con los maestros ambulantes, aunque fueran verdaderos predicadores de la Palabra (versículo 10). Entonces se introduce en escena un hombre llamado Demetrio, de quien Juan da un testimonio personal positivo, y al que hay que ofrecer hospitalidad (versículo 12). La explicación más sencilla de es que Demetrio debe de ser el líder de un grupo ambulante de maestros que van de camino a la iglesia a la que Juan está escribiendo. Diótrefes se negará a tener nada que ver con ellos, y tratará de echar a los que los reciban; y Juan está escribiendo a Gayo para exhortarle a que reciba a los maestros ambulantes, y no se deje intimidar por Diótrefes, con quien Juan tratará debidamente cuando visite la iglesia en cuestión (versículo 10). La situación se centra en torno a la recepción de los maestros ambulantes. Gayo ya los ha recibido antes, y Juan exhorta a recibirlos otra vez, así como a su líder Demetrio. Diótrefes les ha cerrado la puerta, y ha desafiado la autoridad del anciano Juan.

## EL TRIPLE MINISTERIO

Todo esto parece una situación desafortunada, y lo era. Sin embargo, era inevitable que surgiera. Tal como son las cosas, era de esperar que surgiera en la Iglesia un problema de ministerios. En sus primeros días, la Iglesia tenía tres clases diferentes de ministros.

(i) Únicos, y por encima de todos los demás, estaban *los apóstoles,* los que habían formado parte de la compañía original de Jesús y sido testigos de Su Resurrección. Eran los líderes incuestionables de la Iglesia. Su autoridad abarcaba toda la Iglesia; en cualquier país y en cualquier congregación, su ministerio era supremo.

(ii) Estaban *los profetas.* No estaban adscritos a una congregación determinada. Eran predicadores ambulantes que iban adonde el Espíritu los movía, y daban en las iglesias el mensaje que el Espíritu de Dios les daba. Habían dejado hogar, ocupación, comodidad, seguridad de la vida sedentaria para ser los mensajeros ambulantes de Dios. Ellos también ocupaban un lugar muy especial en la Iglesia. *La Didajê,* o como se suele traducir en español *La Enseñanza de los Doce Apóstoles,* es el primer libro de orden eclesiástico que surgió hacia el año 100 d.C. En él queda bien clara la posición única de los profetas. Se establece el orden del culto de comunión, y se dan instrucciones acerca de sus partes. El culto acababa con una oración de acción de gracias que se da por escrito completa; y entonces viene la frase: «Pero dejad que los profetas den gracias todo lo que quieran» *(Didajê 10:7).* Los profetas no tenían que sujetarse a las reglas y normas que gobernaban a los demás ministros. Así que la Iglesia tenía dos clases de personas cuya autoridad no se limitaba a una sola congregación, y que tenían derecho de entrada en todas.

(iii) Estaban *los ancianos.* En su primer viaje misionero, parte de la labor de Pablo y Bernabé fue ordenar ancianos en todas las iglesias locales que habían fundado *(Hechos 14:23).* Los ancianos eran los responsables de las comunidades locales;

su cometido estaba circunscrito a sus congregaciones, y no se dedicaban a nada del exterior. Está claro que eran la espina dorsal de la organización de la Iglesia Original; de ellos dependía el trabajo regular, el funcionamiento y la solidez de las congregaciones locales.

## EL PROBLEMA
## DE LOS PREDICADORES AMBULANTES

La posición de los apóstoles no presentaba ningún problema real; eran únicos, y su posición no se podía poner en duda. Pero los profetas ambulantes presentaban un problema. Su posición era tal que se prestaba extraordinariamente al abuso. Tenían un prestigio enorme; y era posible que personajes indeseables se introdujeran en una manera de vivir en la que se movían de un lugar a otro viviendo con una comodidad considerable y a expensas de las congregaciones locales. Un pícaro astuto podía ganarse la vida muy cómodamente presentándose como profeta itinerante.

Hasta los satíricos paganos se dieron cuenta de la situación. El autor griego Luciano en su obra titulada *Peregrinus* traza el retrato de cierto tipo que había descubierto la manera más fácil de ganarse la vida sin trabajar. Era un charlatán itinerante que vivía a cuerpo de rey viajando y visitando las diversas comunidades de cristianos, deteniéndose donde le convenía y viviendo lujosamente a sus expensas.

*La Didajê* vio claramente este peligro, y estableció normas definidas para controlarlo. Estas normas son algo extensas, pero bien merece la pena citarlas textualmente, porque arrojan mucha luz sobre la vida y los problemas de la Iglesia Primitiva *(Didajê 11 y 12)*.

> *Por tanto, al que venga a enseñaros todas las cosas mencionadas, recibidle. Pero si ese maestro se pone a enseñaros otra doctrina para pervertiros, no le escuchéis.*

*Eso sí: para crecer en integridad y conocimiento del Señor, recibidle como al Señor. Por lo que se refiere a los apóstoles y profetas, actuar conforme a las normas del Evangelio. Recibid a cada apóstol que llegue a vosotros como al Señor; y que esté con vosotros un día y, si fuere necesario, también el siguiente; pero si se queda tres días, es un falso profeta. Y cuando se vaya, que no se lleve nada más que pan hasta llegar a su siguiente destino; pero si pide dinero es un falso profeta. Y a todo profeta que hable en el Espíritu no trataréis de juzgarle: porque se puede perdonar cualquier pecado menos este. Pero no todo el que hable en el espíritu es un profeta, sino el que tenga las maneras del Señor. Por tanto, será por sus maneras por lo que se distinguirá al verdadero del falso profeta. Y ningún profeta que mande en el espíritu que se le ponga la mesa comerá de ella, porque en tal caso será un falso profeta. Y todo profeta que enseñe la verdad, si no actúa conforme a lo que enseña, es un falso profeta... Al que diga en el espíritu que se le dé dinero, o cualquier otra cosa, no le hagáis caso; pero si os dice que deis para otros que estén en necesidad, que nadie le juzgue.*

*Al que venga en el nombre del Señor, recibidle; y entonces, cuando le hayáis probado, sabréis, porque tendréis entendimiento para distinguir entre la mano derecha y la izquierda. Si el que llega es un peregrino, socorredle en la medida de vuestras fuerzas; pero no habrá de quedarse entre vosotros más de dos o tres días, a menos que su necesidad sea notoria. Pero, si tiene voluntad de quedarse entre vosotros, y es un artesano, que trabaje para comer. Y si no tiene oficio, seguid vuestra discreción para que no viva sin trabajar entre vosotros siendo cristiano. Y si no quiere, es que quiere vivir a costa de Cristo: ¡Guardaos de los tales!*

*La Didajê* llega hasta a inventar la palabra *traficante en Cristo, Jristémporos,* para definir a tales personas.

Juan estaba totalmente justificado en advertir a su pueblo acerca de una clase falsa de profetas ambulantes que podrían llegarle reclamando hospitalidad, y en decirles que de ninguna manera habían de recibirlos. No cabe duda de que en la Iglesia primitiva estos profetas ambulantes se habían convertido en un problema. Algunos de ellos eran maestros heréticos, aunque estuvieran convencidos sinceramente de su propia enseñanza. Algunos no eran nada más que mangantes plausibles, que habían encontrado la manera de vivir cómodamente sin trabajar. Este es el trasfondo que se encuentra detrás de *Segunda de Juan.*

## EL CHOQUE DE MINISTERIOS

Pero la situación tras *Tercera de Juan* es en cierto sentido todavía más seria. El personaje problema es Diótrefes. Es el hombre que no quiere tener nada que ver con los maestros ambulante, y que echa a todos los que se atrevan a recibirlos y darles hospitalidad. Es el hombre que se niega a aceptar la autoridad de Juan, y a quien Juan acusa de dominante. Hay mucho más detrás de esto de lo que se ve a primera vista. Esto no era una tormenta en una taza de té; era una escisión fundamental entre el ministerio local y el itinerante.

Es obvio que la estructura total de la Iglesia dependía de un fuerte ministerio local. Es decir: su misma existencia dependía de un presbiterio fuerte y con autoridad. Conforme fue pasando el tiempo, el ministerio local estaba abocado a chocar con el control remoto hasta de alguien tan famoso como el anciano Juan, y a resentirse de las invasiones, posiblemente inquietantes, de los profetas y evangelistas ambulantes. No era ni mucho menos imposible que, por muy bien intencionados que fueran, estos itinerantes pudieran aportar más problemas que soluciones, más daño que bien.

Aquí tenemos la situación detrás de *Tercera de Juan*. Juan representa el viejo control remoto apostólico; Demetrio y su equipo de misioneros representan a los profetas y predicadores ambulantes; Diótrefes representa el ministerio local de los ancianos que querían dirigir sus congregaciones sin intromisiones, y que miraban con recelo a los predicadores ambulantes como metijones peligrosos; Gayo representa al hombre de buena intención que se encuentra desgarrado entre los dos, y no puede decidirse por ninguno.

Lo que sucedía en este caso, no lo sabemos; pero el fin del asunto en la Iglesia fue que los predicadores ambulantes desaparecieron de la escena, y los apóstoles, como era natural, pasaron también de este mundo; y el ministerio residente se convirtió en el ministerio de la Iglesia. En cierto sentido, en la iglesia moderna tampoco se ha resuelto completamente el problema entre los evangelistas itinerantes y el ministerio local; pero estas dos cartas son del interés más fascinante, porque muestran la situación de la Iglesia en una época de transición, cuando el choque entre el ministerio itinerante y el local estaba empezando a surgir y —¿quién sabe?— Diótrefes puede que no fuera tan malo como se le suele pintar ni estuviera totalmente equivocado.

# 2 JUAN

## LA SEÑORA ELEGIDA

*2 Juan 1-3*

> *Del Anciano, a la Señora Elegida y a sus hijos, a los que amo en la verdad (y no soy yo el único que os ama a ti y a ellos, sino también todos los que aman la verdad) por la verdad que habita en nosotros que estará con nosotros para siempre. La gracia, la misericordia y la paz estarán con nosotros de Dios Padre y de Jesucristo el Hijo del Padre, en la verdad y en el amor.*

El autor se identifica sencillamente con el título de El Anciano. *Anciano* puede tener tres sentidos diferentes.

(i) Puede querer decir sencillamente *un hombre más viejo,* que por razón de sus años y experiencia merece afecto y respeto. Aquí la palabra tiene algo de ese sentido. El autor y remitente de esta carta era un siervo de edad avanzada en Cristo y en la Iglesia.

(ii) En el Nuevo Testamento los ancianos son *los responsables de las iglesias locales.* Fueron los primeros de todos los cargos eclesiásticos, y Pablo ordenaba ancianos en sus iglesias en sus viajes misioneros tan pronto como le era posible *(Hechos 14:21-23).* La palabra no es posible que se use en ese sentido aquí, porque esos ancianos eran responsables locales, cuya autoridad y obligaciones no rebasaban la propia congregación, mientras que El Anciano de esta carta tenía una autoridad que se extendía a un área mucho más amplia. Se abroga el derecho de aconsejar a las congregaciones en lugares donde él mismo no reside.

(iii) Es casi seguro que esta carta se escribió en Éfeso, en la provincia romana de Asia. En aquella iglesia *anciano* se usaba con un sentido especial. Los ancianos eran hombres que habían sido discípulos directos de los apóstoles; Papías e Ireneo, que vivieron y trabajaron y escribieron en Asia, nos dicen que fue de los ancianos de los que recibieron su información. Los ancianos eran los nexos directos entre los que habían conocido a Cristo en la carne y los cristianos de la segunda generación. Es indudable que es en este sentido en el que se usa aquí el término. El autor de la carta es uno de los últimos nexos directos con Jesucristo; y de ahí le viene su derecho a hablar.

Como hemos dicho en la Introducción, *La Señora Elegida* presenta un cierto problema. Se han hecho dos sugerencias.

(i) Hay algunos que mantienen que la carta iba dirigida a *una persona determinada.* En griego se usa la frase *Eklektê Kyria. Kyrios* (la forma masculina) es una expresión de respeto, y *Eklektê* podría ser —aunque no es probable— un nombre propio, en cuyo caso la carta iría dirigida a *Mi querida Eklektê. Kyria,* además de ser una expresión de respeto, también podría ser un nombre propio, en cuyo caso *eklektê* sería un adjetivo, y la carta iría dirigida a *La Elegida Kyria.* Es también posible que *ambas* palabras fueran nombres propios, en cuyo caso la carta iría dirigida a una señora llamada *Eklektê Kyria.*

Pero, si esta carta fuera para una sola persona, es mucho más probable que ninguna de las dos palabras fuera un nombre propio, y que la versión Reina-Valera sea correcta al traducir la frase como *la señora elegida.* Se ha especulado mucho acerca de quién podría ser La Señora Elegida. Veremos solo dos sugerencias. (*a*) Se ha sugerido que *La Señora Elegida* es María, la Madre de nuestro Señor. Ella había de ser como una madre para Juan, y él su hijo *(Juan 19:26s),* y bien podría ser que se tratara de una carta personal de Juan a María. (*b*) *Kyrios* quiere decir *Señor;* y *Kyria,* aun como nombre propio, querría decir *Señora,* en latín *Domina,* y en arameo *Marthá.* También se ha sugerido que se trata de Marta de Betania.

(ii) Es mucho más probable que fuera dirigida a *una iglesia.* Es mucho más probable que fuera una iglesia que amaban todos los que conocían la verdad (versículo 1). El versículo 4 dice que algunos de sus hijos se conducían en la verdad. En los versículos 6, 8, 10 y 12 se usa el pronombre *vosotros,* lo que sugiere una iglesia. Pedro también usa casi exactamente la misma frase cuando envía saludos de La Elegida (en femenino) que está en Babilonia *(1 Pedro 5:13).*

Bien puede ser que el nombre del destinatario se dejara indefinido intencionadamente. La carta se escribió cuando se podía producir una persecución repentina. Si fuera a parar a otras manos, podría haber problemas. Y bien puede ser que la carta fuera dirigida de tal manera que su destino estuviera claro para los de dentro, pero que a los de fuera les sonara como una carta de un amigo a una amiga.

## EL AMOR Y LA VERDAD

*2 Juan 1-3 (conclusión)*

Es sumamente interesante notar que en este pasaje *el amor* y *la verdad* están inseparablemente entrelazados. Es *en la verdad* como el Anciano ama a la Señora Elegida. Es *a causa de la verdad* como ama y escribe a la iglesia. En el Cristianismo aprendemos dos cosas acerca del amor.

(i) La verdad cristiana nos dice la manera como debemos amar. *Agapê* es la palabra que se usa en el original para el amor cristiano. *Agapê* no es una pasión con sus altos y bajos, su llamarada y su rescoldo; ni ninguna sensiblería facilona. No es fácil de adquirir ni de poner en práctica. *Agapê* es una buena voluntad invencible; es la actitud hacia los demás que, independientemente de lo que le hagan, nunca se convierte en amargura ni dejará de buscar lo que sea para ellos el sumo bien. Hay un amor que trata de poseer; hay un amor que ablanda y excita; hay un amor que le hace a uno retirarse de la lucha; hay un amor que cierra los ojos a las faltas y las cosas que conducen a la ruina. Pero el amor cristiano siempre busca el mayor bien para los demás, y arrostra todas las dificultades, todos los problemas y todo el trabajo que suponga esa búsqueda. Es significativo que Juan escriba por amor para advertir.

(ii) La verdad cristiana nos dice la razón para la obligación del amor. Juan la establece claramente en su primera carta. Ha hablado del amor doliente, sacrificado, increíblemente generoso de Dios; y entonces dice: «Queridos, si Dios nos ha amado así, nosotros también debemos amarnos unos a otros» *(1 Juan 4:11). El cristiano debe amar porque es amado.* No puede aceptar el amor de Dios sin mostrar amor a las personas que Dios ama. Porque Dios nos ama es por lo que debemos amar a los otros con el mismo amor generoso y sacrificial.

Antes de dejar este pasaje tenemos que notar otra cosa. Juan empieza esta carta con un saludo bastante particular. Dice: «La gracia, la misericordia y la paz *estarán* con nosotros.» En todas las otras cartas del Nuevo Testamento el saludo tiene la forma de un deseo u oración. Pablo suele poner: «La gracia sea con nosotros y la paz.» Pedro pone: «Que la gracia y la paz se os multipliquen» *(1 Pedro 1:2).* Judas dice: «Que la misericordia, la paz y el amor se os multipliquen» *(Judas 2).* Pero aquí el saludo es *una afirmación:* «La gracia, la misericordia y la paz *estarán* con nosotros.» Juan está tan seguro de los dones de la gracia de Dios en Jesucristo que no pide que sus amigos los reciban; les asegura que los recibirán. Aquí está la fe que no duda nunca de las promesas de Dios en Jesucristo.

## EL PROBLEMA Y EL REMEDIO

**2 Juan 4-6**

*Me dio una gran alegría descubrir que algunos de tus hijos se conducen en la verdad según el mandamiento que hemos recibido del Padre. Y ahora, Señora, no como si te estuviera escribiendo un mandamiento nuevo, sino el mandamiento que hemos tenido desde el principio, te ruego que nos amemos unos a otros. Y esto es el amor: que nos conduzcamos según Sus mandamientos; y este es el mandamiento, como lo habéis oído desde el principio: que nos conduzcamos de acuerdo con él.*

En la iglesia a la que está escribiendo Juan hay cosas que le alegran el corazón y cosas que se lo entristecen. Le produce alegría saber que algunos de sus miembros viven de acuerdo con la verdad; pero esa misma afirmación supone que algunos no. Es decir, que en la iglesia hay división, porque se han escogido caminos diferentes. Juan tiene el remedio para todas las cosas, que es el amor. No es ningún remedio nuevo, ni un mandamiento nuevo; es la palabra del mismo Jesús: «Os doy un nuevo mandamiento: Que os améis unos a otros; que también vosotros os améis entre vosotros como Yo os he amado; en esto es en lo que todos reconocerán que sois discípulos Míos: Si existe ese amor entre vosotros» *(Juan 13:34s)*. Solo el amor puede remediar una situación en la que se han roto las relaciones personales. La represión y la crítica es probable que no despierten más que el resentimiento y la hostilidad; la discusión y la controversia puede que no hagan más que ensanchar la división; el amor es lo único para restañar la brecha y restaurar la relación perdida.

Pero es posible que digan los que han escogido el camino equivocado para Juan: «Nosotros por supuesto que amamos a Dios.» Los pensamientos de Juan se retrotraen inmediatamente a otro dicho de Jesús: «Si Me amáis, guardaréis Mis mandamientos» *(Juan 14:15)*. El mandamiento concreto de Jesús era el del amor mutuo; y, por tanto, cualquiera que no guarde este mandamiento no ama realmente a Dios, por mucho que lo pretenda. La única prueba de nuestro amor a Dios es nuestro amor a los hermanos. Este es el mandamiento, dice Juan, que hemos oído desde el principio, y en el que debemos andar.

Conforme vayamos adelante veremos que esto tiene otra cara, y que no hay ninguna sensiblería blandengue en la actitud de Juan hacia los que están seduciendo a otros para apartarlos de la verdad; pero es significativo que su primera cura para todos los problemas de la iglesia es el amor.

## LA AMENAZA DEL PELIGRO

### 2 Juan 7-9

*Hay mucha más razón para hablar así porque han salido por el mundo muchos engañadores, hombres que no confiesan que Jesús es el Cristo, ni Su venida en la carne. Una persona así es el engañador y el Anticristo. Miraos bien que no arruinéis lo que hemos trabajado, sino aseguraos de recibir una recompensa completa. El que pretenda avanzar demasiado sin permanecer en la enseñanza de Cristo, no tiene a Dios; es el que permanece en esa enseñanza el que tiene tanto al Padre como al Hijo.*

Ya, en *1 Juan 4:2,* Juan ha tratado de los herejes que niegan la realidad de la Encarnación. Hay una dificultad. En *1 Juan 4:2* el original dice que Jesús *ha* venido en la carne. La idea se expresa con el participio en el tiempo pasado. Es el hecho de que la Encarnación ha tenido lugar lo que se subraya. Aquí hay una diferencia: el participio está en el tiempo presente: la traducción literal sería que Jesús *viene* en la carne. Esto podría querer decir una de dos cosas.

(i) Podría querer decir que Jesús siempre está viniendo en la carne, que la Encarnación tiene una especie de permanencia, que no fue solamente un hecho que terminó en treinta años durante los cuales Jesús estuvo en Palestina, sino que es algo fuera del tiempo. Esa podría ser una gran idea, y querría decir que ahora y siempre Jesucristo, y Dios por medio de Él, se introduce en la situación y en la vida humana.

(ii) Podría ser una referencia a *la Segunda Venida,* y podría querer decir que Jesús *viene otra vez* en carne. Bien puede ser que hubiera la creencia en la Iglesia Primitiva que había de haber una Segunda Venida de Jesús en la carne, una especie de encarnación en gloria que seguiría a la Encarnación de la humillación. Esa sería también una gran idea.

Pero bien puede ser que C. H. Dodd tenga razón cuando dice que en un escritor griego posterior al período clásico, como Juan, que no conocía el griego de los grandes escritores, no podamos hacer tanto hincapié en los tiempos de los verbos, y que lo mejor sea interpretar que quiere decir lo mismo que en *1 Juan 4:2.* Es decir, que estos engañadores niegan la realidad de la Encarnación, y por tanto niegan que Dios pueda entrar plenamente en la vida humana.

Es intensamente significativo notar que los grandes pensadores de la Iglesia Cristiana se han aferrado siempre con todas sus fuerzas a la realidad de la Encarnación. En el siglo II d.C., Ignacio insiste una y otra vez en sus escritos en que Jesús nació *de veras,* que se hizo hombre *de veras,* que sufrió *de veras* y que murió *de veras.* Vincent Taylor, en su libro sobre *La persona de Cristo,* nos recuerda dos grandes afirmaciones acerca de la Encarnación. Martín Lutero decía de Jesús: «Él comía, bebía, dormía, andaba; se cansaba, se apenaba, se alegraba; lloraba y reía; experimentaba hambre y sed y sudor; hablaba, trabajaba, oraba... de tal manera que no había diferencia entre *Él* y otros hombres salvo solamente en esto: en que Él era *Dios,* y no tenía pecado.» Emil Brunner cita ese pasaje de Lutero, y prosigue: «El Hijo de Dios en Quien podemos creer tenía que ser Tal que fuera posible confundirle con una persona corriente.»

Si Dios hubiera entrado en la vida solamente como un fantasma desencarnado, el cuerpo seguiría siendo despreciado para siempre; entonces no podría haber verdadera comunión entre lo divino y lo humano; entonces no podría haber una verdadera Salvación. Tenía que hacerse lo que somos para hacernos lo Que Él es.

En los versículos 8 y 9 escuchamos tras las palabras de Juan las pretensiones de los falsos maestros.

Pretendían *desarrollar* el Cristianismo. Juan insiste en que estaban destruyéndolo, y destrozando los cimientos que se habían echado y sobre los que debía construirse todo.

El versículo 9 es interesante y significativo. Hemos traducido la primera frase por *El que pretenda avanzar demasiado*. En griego encontramos *proagôn*. Ese verbo quiere decir *proseguir hacia adelante*. Los falsos maestros pretendían ser progresistas, avanzados, personas de mente abierta y aventurera. El mismo Juan era uno de los pensadores más aventureros del Nuevo Testamento; pero insiste en que, por mucho que una persona pueda avanzar, debe permanecer en la enseñanza de Jesucristo, o perderá contacto con Dios. Así es que aquí tenemos una gran verdad. Juan no está condenando el pensamiento avanzado; lo que dice es que Jesucristo debe ser la piedra de toque de todo pensamiento, y que todo lo que pierda contacto con Él no se puede mantener en la verdad. Juan diría: «Pensad —pero llevad vuestro pensamiento a la piedra de toque de Jesucristo y de la presentación que se nos hace de Él en el Nuevo Testamento.» El Cristianismo no es ninguna teosofía nebulosa e inaprehensible; está anclado en la figura histórica de Jesucristo.

## SIN COMPONENDAS

*2 Juan 10-13*

> *Si os llega alguien que no lleva esta enseñanza, no le recibáis en vuestra casa ni le saludéis por la calle; porque si lo hacéis os hacéis cómplices de sus malas acciones.*
>
> *Aunque tengo muchas cosas que escribiros, no quiero depender del papel y la tinta, sino que espero ir a*

*veros y hablar con vosotros cara a cara para que ten-*
*gamos una alegría completa.*
*Los hijos de tu Hermana Elegida te envían saludos.*

Aquí vemos con toda claridad el peligro que veía Juan en aquellos falsos maestros. No se les debía ofrecer hospitalidad; el que se les negara sería la manera más eficaz de detener su influencia. Juan llega más lejos: no hay ni que saludarlos en la calle. El hacerlo sería dar señales de que se los reconocía en cierta medida. Debe dejarse bien claro a todo el mundo que la Iglesia no tolera a los que destruyen la fe con su enseñanza. Este pasaje puede que parezca contradecir el amor cristiano; pero C. H. Dodd tiene algunas cosas muy sabias que decir acerca de él.

No faltan paralelos. Cuando el santo Policarpo se encontró con el hereje Marción, este le dijo: «¿Me reconoces?» «Reconozco al primogénito de Satanás,» respondió Policarpo. El propio Juan salía huyendo de los baños públicos cuando llegaba el hereje Cerinto. «¡Salgamos de aquí a toda prisa, no sea que se nos hunda el edificio —decía—, porque Cerinto, el enemigo de la verdad está aquí!»

Tenemos que recordar la situación. Hubo un tiempo cuando parecía que faltaba poco para que las especulaciones de los herejes pseudofilosóficos destruyeran la fe cristiana. Estaba en peligro su misma existencia. La Iglesia no se atrevía ni a parecer que corría peligro de hacer componendas con esta corrosiva destrucción de la fe.

Esta era, como indica C. H. Dodd, una norma de emergencia, y «las normas de emergencia nunca hacen buenas leyes.» Puede que reconozcamos la necesidad de esta actitud en la situación en que se encontraban Juan y los suyos, sin mantener en lo más mínimo que debamos tratar de la misma manera a los pensadores equivocados. Y sin embargo, para volver a C. H. Dodd, una tolerancia de buen humor nunca puede resultar suficiente. «El problema está en encontrar una manera de vivir con personas cuyas convicciones difieren de las nuestras sobre las cuestiones más fundamentales, sin ni faltar a la caridad ni ser infieles a la verdad.» Ahí es donde el amor debe encontrar un camino. La mejor manera de destruir a nuestros enemigos, como decía Abraham Lincoln, es hacerlos nuestros amigos. Nunca podemos llegar a un acuerdo con los maestros equivocados, pero nunca estamos libres de la obligación de tratar de conducirlos a la verdad.

Así llega Juan al final de su carta. No quiere escribir más, porque espera ir a ver a sus amigos y hablar con ellos cara a cara. Tanto en griego como en hebreo se dice, no *cara a cara*, sino *boca a boca*. En el Antiguo Testamento Dios dice de Moisés: «Cara a cara —literalmente "boca a boca"— hablaré con él» *(Números 12:8)*. Juan era sabio, y sabía que las cartas pueden ser motivo para que se tergiverse una situación; y que se puede conseguir más en cinco minutos de conversación de corazón a corazón que con una pila de cartas. En muchas relaciones de iglesia y personales las cartas no han conseguido más que exacerbar una situación; porque la carta escrita más cuidadosamente puede interpretarse mal, mientras que una breve conversación directa puede arreglar las cosas. Cromwell no entendió nunca al cuáquero John Fox, y no le caía nada bien. Pero cuando se encontró con él, y después de hablar con él personalmente, le dijo: «Si tú y yo pasáramos una hora juntos seríamos los mejores amigos.» Los comités eclesiásticos y los cristianos haríamos bien en hacernos el propósito de no escribir cuando podemos hablar.

La carta se cierra con saludos de la iglesia de Juan a los amigos a los que escribe; saludos, como si dijéramos, de los hijos de una hermana a los de otra; porque todos los cristianos somos miembros de la familia de la fe.

# 3 JUAN

## EL GOZO DEL MAESTRO

*3 Juan 1-4*

> *Del Anciano, al querido Gayo, al que amo en la verdad.*
> *Querido, pido a Dios que todo te vaya bien, y que tengas buena salud de cuerpo así como le va bien a tu alma. Me dio una gran alegría la llegada de algunos hermanos, que atestiguaron la verdad de tu vida, como te conduces en la verdad. No hay noticia que me produzca mayor alegría que la de escuchar que mis hijos están caminando en la verdad.*

Ninguna carta del Nuevo Testamento muestra mejor que esta que las cartas cristianas seguían exactamente el modelo de todas las cartas de tiempo de la Iglesia Primitiva. Hay un papiro que contiene una carta de Ireneo, un capitán de barco, a su hermano Apolinario:

> *De Ireneo a su hermano Apolinario: ¡Se te saluda! Rezo constantemente para que tengas salud; yo disfruto de buena salud. Quiero que sepas que llegué a tierra el 6 del mes de Epeif, y acabé de descargar el 18 del mismo mes, y subí a Roma el 25 del mismo mes, y allí se nos recibió como Dios quiso. Estamos esperando todos los días que nos dejen partir; porque hasta el día de hoy, a ninguno de los que estamos en el servicio del grano se le ha permitido salir. Saludos personales para tu esposa, y para Sereno, y para todos los que te aman. Adiós.*

La forma de la carta de Ireneo es exactamente la misma que la de Juan. Lo primero es el saludo; luego la oración por la buena salud; después el cuerpo principal de la carta, con las noticias, y por último los saludos finales. Las cartas cristianas primitivas no eran remotas y eclesiásticas, sino la clase de cartas que se escribían en aquellos días.

Juan le escribe a un amigo llamado Gayo. En el mundo del Nuevo Testamento Gayo era uno de los nombres más corrientes. En el Nuevo Testamento hay otros tres con ese nombre. Está Gayo, el macedonio que juntamente con Aristarco estuvo con Pablo en el motín de Éfeso *(Hechos 19:29)*. Está el Gayo de Derbe, que fue el delegado de su iglesia para llevar la colecta para los pobres de Jerusalén *(Hechos 20:4)*. Está el Gayo de Corinto, que había sido el anfitrión de Pablo y que era una persona tan hospitalaria que se le podría llamar el hospedador de toda la iglesia *(Romanos 16:23)*, y que fue una de las pocas personas que Pablo bautizó personalmente *(1 Corintios 1:14)*, y que, según la tradición, llegó a ser el primer obispo de Tesalónica. Gayo era un nombre de lo más corriente; y por tanto no hay necesidad de identificar este Gayo con ninguno de los otros tres. Según la tradición, Juan le consagró obispo de Pérgamo. Aquí se nos presenta como un hombre que tenía siempre abiertas las puertas de su casa y de su corazón.

Dos veces en los primeros dos versículos usa Juan la palabra *querido,* en griego *agapêtos*. En este grupo de cartas Juan usa *agapêtos* no menos de diez veces. Este es un hecho muy notable. Estas cartas son cartas de advertencia y reprensión; y sin embargo su acento es el del amor. Un gran erudito y predicador aconsejaba: «No le eches nunca la bronca a tu congregación.» Aunque tenga que reprender, Juan nunca habla con rabia. Toda la atmósfera de su carta es la del amor.

El versículo 2 nos muestra el cuidado amplio del pastor bueno y consagrado. Está interesado tanto en la salud física como en la salud espiritual de Gayo. Juan era como Jesús: nunca se olvidaba de que las personas tenemos cuerpos y no sólo almas, y que los cuerpos también son importantes.

En el versículo 4 habla Juan de la mayor alegría del maestro. Es la de ver que sus alumnos caminan en la verdad. La verdad no es simplemente algo que asimilamos intelectualmente; es el conocimiento que llena la mente de una persona y la caridad que reviste su vida. La verdad es lo que hace que una persona piense y actúe como Dios manda.

## LA HOSPITALIDAD CRISTIANA

*3 Juan 5-8*

> *Querido Gayo, es una obra de verdadera fe cualquier servicio que prestas a los hermanos forasteros, y ellos atestiguan vuestro amor ante la iglesia. Será una amabilidad aún mayor el que los despidas en su viaje de una manera que sea como Dios manda. Porque ellos han salido por causa del Nombre, y no reciben ninguna ayuda de los paganos. Es nuestra obligación el sostener a tales personas para mostrarnos colaboradores de la verdad.*

Aquí llegamos al propósito principal de esta carta. Hay un grupo de misioneros que van de camino a la iglesia de la que es miembro Gayo, y Juan le exhorta a recibirlos, a darles su apoyo y a despedirlos cristianamente.

La hospitalidad era un deber sagrado en el mundo antiguo. Los extranjeros estaban bajo la protección de Zeus Xenius, el dios de los extranjeros *(xenos* es la palabra griega para *extranjero,* que ha dado algunos derivados en español, como *xenofobia).* En el mundo antiguo las posadas eran notoriamente deficientes. A los griegos les disgustaba instintivamente cobrar dinero a cambio de la hospitalidad; y por tanto la profesión de mesonero era muy poco apreciada. Las posadas estaban sucias e infestadas de pulgas. Los posaderos eran célebres por su rapacidad, hasta el punto de que Platón los comparaba con piratas que retuvieran a los huéspedes como rehenes hasta cobrar el rescate. En el mundo antiguo había un sistema de *amistades de hospedaje* mediante el cual distintas familias de partes distintas del país se comprometían a darse hospitalidad cuando fuera necesario. Esta relación de familias se prolongaba a través de generaciones, y cuando se solicitaba, el solicitante tenía que presentar un *symbolon* o *señal* que le identificaba ante su anfitrión. Algunas ciudades tenían un *proxenos* al que acudían por hospitalidad o protección los que tenían que emprender viajes.

Si el mundo pagano aceptaba la obligación de la hospitalidad, era de esperar que los cristianos la tomaran aún más en serio. Pedro recordaba: «Hospedaos los unos a los otros sin murmuraciones» *(1 Pedro 4:9)*. «No os olvidéis de la hospitalidad, porque por ella algunos, sin saberlo, hospedaron a ángeles» *(Hebreos 13:2)*. En las Epístolas Pastorales se dice que hay que respetar a una viuda que haya practicado la hospitalidad *(1 Timoteo 5:9)*. Pablo exhorta a los romanos a «practicar la hospitalidad» *(Romanos 12:13)*.

La hospitalidad iba a ser una de las características de los responsables de la iglesia. Un obispo debía ser hospedador *(1 Timoteo 3:2;* cp. *Tito 1:8)*. Cuando llegamos al tiempo de Justino Mártir (170 d.C.) encontramos que el Día del Señor las familias acomodadas contribuían conforme a su voluntad y posibilidades, y el presidente de la congregación estaba obligado «a socorrer a los huérfanos y a las viudas, y a los que tuvieran necesidades por causas de enfermedad u otras, y a los que estaban presos y a los forasteros que se encontraban entre nosotros» (Justino Mártir, *Primera Apología 1:67)*.

En la Iglesia Primitiva, un hogar cristiano tenía siempre la puerta abierta y estaba dispuesto para recibir al forastero. Habrá pocas obras más nobles que la de darle hospitalidad a un forastero en un hogar cristiano. El círculo familiar cristiano debería ser siempre lo suficientemente amplio como para hacerle sitio a un extranjero, independientemente de su origen o del color de su piel.

## LOS AVENTUREROS CRISTIANOS

*3 Juan 5-8 (conclusión)*

Además, este pasaje nos habla de los misioneros ambulantes que dejaban su hogar y comodidad para llevar más lejos la Palabra de Dios. En el versículo 7, Juan dice que se han puesto en camino por causa del Nombre, y no aceptan ayuda de los paganos. (Es posible que este versículo se refiera a los que dejaban el paganismo sin llevarse nada consigo, los que por causa de su fe habían dejado su hogar y trabajo y amigos, y no tenían medios de subsistencia). En el mundo antiguo eran muy conocidos «los frailes mendicantes,» con su bolsita. Hay referencias, por ejemplo, a uno que se denominaba «el esclavo de la diosa siria,» que salía a pedir limosna y aseguraba que nunca volvía con menos de setenta bolsas de dinero para su diosa. Pero los predicadores ambulante cristianos no aceptaban nada de los paganos, aunque se lo ofrecieran.

Juan recomienda a estos aventureros de la fe a la hospitalidad y generosidad de Gayo. Dice que es un deber ayudarlos para mostrar que somos colaboradores de la verdad (8).

Hay aquí una gran idea cristiana. Las circunstancias de una persona pueden ser tales que no le sea posible llegar a ser misionero o predicador. La vida puede que le haya puesto en una situación en la que tiene que continuar con el trabajo secular, seguir en el mismo lugar y con las obligaciones rutinarias de la vida; pero adonde él no puede ir, su dinero y sus oraciones y su ayuda práctica pueden llegar. No todo el mundo puede estar, por así decirlo, en primera fila; pero manteniendo a los que están allí, uno puede convertirse en aliado de la verdad. Cuando recordamos eso, todo dar para la Obra más amplia de Cristo y de Su Iglesia debe considerarse no una obligación sino un privilegio, no un deber sino un placer. La Iglesia necesita personas que salgan con la verdad, pero también necesita a los que sean aliados de la verdad en casa.

## LA LLAMADA DEL AMOR

**3 Juan 9-15**

*Ya he escrito acerca de esto a la iglesia; pero Diótrefes, que se empeña en ser el mandamás, no acepta nuestra autoridad. Así que, cuando vaya por ahí, ya le recordaré lo que está haciendo hablando insensatamente contra nosotros; y además se niega a recibir a los hermanos, e intenta impedírselo a los demás amenazándolos con echarlos de la iglesia.*

*Querido Gayo, no imites lo malo sino lo bueno. El que hace el bien tiene en Dios el manantial de su vida; el que hace el mal no tiene ni idea de Dios.*

*Todo el mundo da testimonio del mérito de Demetrio, y la verdad misma también. Y nosotros también testificamos, y tú sabes que nuestro testimonio es verídico.*

*Tengo muchas cosas que escribirte, pero no quiero comunicártelas con tinta y pluma. Espero verte pronto y que hablemos cara a cara.*

*La paz sea contigo. Los amigos mandan sus saludos. Saluda personalmente a los amigos.*

Aquí llegamos al propósito de esta carta, y se nos presentan dos de los personajes importantes de la historia.

Está Diótrefes. Ya hemos visto en la Introducción cuál era la situación en que estaban implicados Juan y Diótrefes y Demetrio. En la Iglesia Primitiva había un doble ministerio. Estaban los apóstoles y los profetas, cuya esfera no se limitaba a ninguna congregación local, y cuya autoridad se extendía a toda la Iglesia. Y estaban también los ancianos, que eran los responsables permanentes y las espinas dorsales de las congregaciones locales. En los primeros días de la Iglesia esto no suponía ningún problema, porque las congregaciones locales eran todavía en gran parte como bebés, que no habían aprendido a andar por sí mismas y a manejar sus propios asuntos.

Pero, conforme fue pasando el tiempo, se produjo una tensión entre las dos clases de ministerio. Conforme las iglesias locales se fueron haciendo más fuertes y más conscientes de su identidad, fueron estando cada vez menos dispuestas a someterse al control remoto o a la invasión de los extranjeros.

Este problema sigue existiendo en parte entre nosotros. Existe el evangelista itinerante, que bien puede ser que tenga una teología y una metodología muy diferentes de las de la iglesia local establecida. En las iglesias jóvenes se vive la cuestión de hasta cuándo deben permanecer los misioneros en control y cuándo se considerará que ha llegado el momento de que se retiren y dejen que las iglesias indígenas gobiernen sus propios asuntos.

En esta carta, Diótrefes es el representante de la congregación local. No está dispuesto a aceptar la autoridad de Juan, el varón apostólico, ni a recibir a los misioneros itinerantes. Está tan decidido a que la iglesia local dirija sus propios asuntos que llega hasta a echar a los que están dispuestos a aceptar la autoridad de Juan y a recibir a los predicadores ambulantes. No podemos decir exactamente lo que representa Diótrefes. Por supuesto que no es un obispo en el sentido moderno de la palabra. Puede que fuera un anciano con carácter. O un miembro agresivo de la congregación, que fuera barriendo a todos los que se pusieran a su paso con la fuerza de su personalidad. Es indudable que surge como un personaje fuerte y dominante.

Demetrio es muy probablemente el líder de los predicadores ambulantes, y probablemente el portador de esta carta. Juan se excede recomendándole por su carácter y capacidad, y bien puede ser que hubiera alguna circunstancia en torno a él que diera base a la oposición de Diótrefes.

Demetrio no es, ni mucho menos, un nombre poco corriente. Se ha intentado identificarle con dos personajes del Nuevo Testamento. Se le ha identificado con el platero de Éfeso y jefe de la oposición a Pablo *(Hechos 19:21ss)*. Puede que posteriormente se hiciera cristiano, y que su pasado se recordara en su contra. Se le ha identificado con Demas (una abreviatura de *Demetrio)*, que había sido en tiempos colaborador de Pablo, pero que le había abandonado porque amaba este mundo *(Colosenses 4:14; Filemón 24; 2 Timoteo 4:10)*. Puede que Demas volviera a la fe, y que su anterior deserción se le tuviera en cuenta en su contra.

Juan interviene en esta situación, y su autoridad se pone en duda; y Gayo es un alma amable pero probablemente débil comparado con el agresivo Diótrefes, y Juan está tratando de respaldarle porque, dejado a sus recursos, bien podría sucumbir frente a Diótrefes.

Esta parece ser la situación. Puede que estemos en simpatía con Diótrefes; puede que creamos que estaba adoptando una postura que más tarde o más temprano habría de prevalecer; pero, con toda su fuerza de carácter, tenía un defecto —fallaba por su falta de amor. Como C. H. Dodd lo ha expresado: «No hay tal cosa como una experiencia religiosa verdadera que no se exprese mediante la caridad.» Por eso es por lo que, a pesar de todos sus poderes de liderazgo y su carácter dominante, Diótrefes no era, para Juan, un verdadero cristiano. El verdadero líder cristiano debe siempre tener presente que la fuerza y la amabilidad deben ir de la mano, lo mismo que la autoridad y el amor. Diótrefes era como muchos responsables de la iglesia; puede que tuviera razón; pero seguía un método erróneo para alcanzar su fin, porque la fuerza de carácter no puede nunca ocupar el lugar del amor del corazón.

No sabemos a ciencia cierta cuál era el problema en esta situación; pero Juan termina con amor. Pronto irá a hablar de tú a tú, y su presencia hará lo que no puede hacer una carta; y, de momento, manda sus saludos y su bendición. Podemos creer que «la paz sea con vosotros» del anciano Anciano lograría producir la calma en la iglesia conflictiva a la que escribía.

# LA CARTA DE JUDAS

# INTRODUCCIÓN A LA
# CARTA DE JUDAS

## LA CARTA DIFÍCIL Y ARRUMBADA

Bien se puede decir que para la mayoría de los lectores modernos la breve *Carta de Judas* es una empresa más sorprendente que provechosa. Hay dos versículos que todo el mundo conoce —la sonora y magnífica doxología con la que termina:

> *A Aquel Que es poderoso para guardaros sin caída, y presentaros sin mancha delante de Su gloria con gran alegría, al único y sabio Dios, nuestro Salvador, sea gloria y majestad, imperio y poder, ahora y por todos los siglos. Amén.*

Pero, aparte de estos dos versículos, *Judas* es mayormente desconocida y rara vez leída. La razón de su dificultad es que se escribió desde un trasfondo de pensamiento, el desafío de una situación, en imágenes y con citas, que nos resultan totalmente extrañas. Está fuera de toda duda que impactaría a los que la leyeran por primera vez como un martillazo. Sería como la llamada de un toque de trompeta a defender la fe. Moffatt llama a *Judas* «una cruz flamígera para levantar las iglesias.» Pero, como J. B. Mayor, uno de sus grandes editores, ha dicho: «Al lector moderno le resulta más curiosa que edificante, salvo su principio y su final.»

Esta es una razón más que suficiente para emplearnos en el estudio de *Judas;* porque, cuando entendemos el pensamiento de Judas y desentrañamos la situación en la que estaba escribiendo, su carta adquiere el mayor interés para la historia de la Iglesia Primitiva, y nada le falta de relevancia para la de hoy. Ha habido tiempos en la historia de la Iglesia, y especialmente en sus avivamientos, cuando *Judas* no estaba lejos de ser el libro más relevante del Nuevo Testamento. Empecemos por establecer sencillamente la sustancia de la carta sin esperar a resolver sus dificultades.

## SALIENDO AL ENCUENTRO DE LA AMENAZA

Judas había tenido la intención de escribir un tratado sobre la fe que todos los cristianos compartimos; pero tuvo que dejar a un lado esa tarea en vista de la aparición de personas cuya conducta y pensamiento eran una amenaza para la Iglesia Cristiana (versículo 3). En vista de esta situación, la necesidad perentoria no era la de exponer la fe, sino la de convocar a los cristianos en su defensa. Algunos que se habían introducido en la iglesia se aplicaban a fondo a convertir la gracia de Dios en una excusa para la más flagrante inmoralidad, y negaban al único Dios verdadero y al Señor Jesucristo (versículo 4). Estos hombres eran inmorales en su conducta y heréticos en su doctrina.

## LAS ADVERTENCIAS

Judas organiza sus advertencias contra tales hombres. Que tengan presente la suerte de los israelitas. Habían sido sacados a salvo de Egipto, pero no se les permitió entrar en la Tierra Prometida a causa de su incredulidad (versículo 5). Hace referencia a *Números 13:26 — 14:29*. Aunque uno haya recibido la gracia de Dios, puede perder la salvación eterna si se desvía a la desobediencia y a la incredulidad. Algunos ángeles que poseían la gloria del Cielo vinieron a la Tierra y corrompieron con su concupiscencia a las mujeres mortales *(Génesis 6:2);* y ahora están aprisionados en el abismo de oscuridad esperando el juicio (versículo 6). El que se rebele contra Dios tendrá que arrostrar el juicio. Las ciudades de Sodoma y Gomorra se habían entregado a la concupiscencia y al vicio contra la naturaleza de tal manera que su destrucción por fuego es una advertencia para todos los que se descarríen de manera parecida (versículo 7).

## LA VIDA MALVADA

Estos hombres son visionarios de sueños malvados; contaminan su carne; hablan mal de los ángeles (versículo 8). Ni siquiera el arcángel Miguel se atrevía a proferir maldición contra los ángeles malvados. Se le había encargado enterrar el cuerpo de Moisés. El diablo había tratado de impedírselo y reclamar el cuerpo para sí. Miguel no dijo nada en contra del diablo, ni siquiera en tales circunstancias, sino dijo sencillamente: «¡Que el Señor te reprenda!» (versículo 9). Hay que respetar a los ángeles, aunque sean malos y hostiles. Estos hombres malvados condenan todo lo que no entienden, y las cosas espirituales sobrepasan su comprensión. De lo único que entienden es de instintos carnales, y se gobiernan por ellos como hacen los animales irracionales (versículo 10).

Son como Caín, el asesino cínico y egoísta; son como Balaam, cuyo único deseo era la ganancia material, y que condujo al pueblo de Israel a pecar contra Dios; son como Coré, que se rebeló contra la autoridad legítima de Moisés, y se le tragó la tierra como castigo por su desobediencia arrogante (versículo 11).

Son como la rocas ocultas que pueden hacer naufragar un barco; tienen su propia camarilla en la que se asocian con personas como ellos, destruyendo así la comunión cristiana; engañan a otros con sus promesas, como las nubes que prometen la lluvia largo tiempo esperada, pero que pasan de largo;

son como árboles estériles y sin raíz, que no producen fruto; como la rociada de espuma de las olas que arroja algas y restos de naufragios a las playas, así espumajean sus obras desvergonzadas; son como las estrellas errantes que se niegan a mantenerse en su órbita y que están condenadas a perderse en la oscuridad infinita (versículo 13). Hace mucho tiempo, el profeta Henoc había descrito a estas personas y profetizado su destrucción divina (versículo 15). Murmuran contra toda autoridad y disciplina auténticas como los hijos de Israel murmuraron contra Moisés en el desierto; están descontentos con la suerte que Dios les ha asignado; sus concupiscencias son lo único que gobierna sus vidas; su habla es arrogante y orgullosa; son pelotilleros que adulan para sacar partido (versículo 16).

## PALABRAS A LOS FIELES

Después de fustigar a los malvados con el torrente de sus invectivas, Judas se dirige a los fieles. Deberían haber esperado todo esto, porque los apóstoles de Jesucristo ya habían anunciado de antemano que surgirían hombres malos (versículos 18 y 19). Pero el deber del verdadero cristiano es edificar su vida sobre la base de la santísima fe, aprender a orar en el poder del Espíritu Santo; recordar las condiciones del pacto al que nos ha llamado el amor de Dios, y esperar la misericordia de Jesucristo (versículos 20 y 21).

En cuanto a los falsos pensadores y los de vida perdida —algunos de ellos puede que se salven con piedad, mientras están todavía dudando al borde de sus malos caminos; a otros hay que rescatarlos como a astillas del fuego; y en toda su obra de rescate, el cristiano debe tener aquel santo temor que le hará amar al pecador pero odiar el pecado, evitando contaminarse de los males de los que trata de salvar (versículos 22 y 23).

Y todo el tiempo estará con él el poder de ese Dios Que puede guardarle de caer, y conducirle con pureza y gozo a Su presencia (versículos 24 y 25).

**LOS HEREJES**

¿Quiénes eran los herejes a los que Judas critica tan dura-
mente, y cuáles sus creencias y forma de vida? Judas no nos
lo dice claro nunca; él no era ningún teólogo, sino, como dice
Moffatt, «un líder de la Iglesia, sencillo y honrado.» «Denuncia
más que describe» la herejías que ataca. No trata de discutir
ni de refutar, porque escribe como el «que sabe cuándo la
ardiente indignación es más elocuente que la discusión.» Pero
de la carta misma podemos deducir tres cosas sobre estos
herejes.

(i) Eran antinomistas. El antinomismo —de *anti* y *nomos,
ley*— es la «doctrina que enseña, en nombre de la supremacía
de la gracia, el indiferentismo con respecto a la ley» *(Enciclo-
pedia Larousse)*. Los antinomistas han existido en todas las
épocas de la Iglesia. Son personas que pervierten la gracia. Su
posición es que la ley ha terminado, y ellos están bajo la gracia.
Las prescripciones de la ley puede que se les apliquen a otros,
pero ya no se les aplican a ellos. Pueden hacer, literalmente,
lo que les dé la gana. La gracia es suprema; puede perdonar
cualquier pecado; cuanto más se peque, más oportunidades se
le dan a la gracia para sobreabundar *(Romanos 5:20ss)*. El
cuerpo no tiene ninguna importancia; lo que importa es el
interior de la persona. Todas las cosas pertenecen a Cristo, y,
por tanto, todas las cosas les pertenecen a ellos. Así es que para
ellos no hay nada prohibido.

Por tanto, los herejes de *Judas* convierten la gracia de Dios
en una excusa para la inmoralidad más flagrante (versículo 4);
hasta practican vicios desvergonzados contra la naturaleza
como hacían los de Sodoma (versículo 7). Corrompen la carne,
y no lo consideran ningún pecado (versículo 8). Dejan que los
instintos animales gobiernen sus vidas (versículo 10). Con sus
maneras sensuales, hay peligro de que hagan naufragar las
fiestas del amor de la iglesia (versículo 12). Son sus propios
deseos malos los que dirigen sus vidas (versículo 16).

## LA NEGACIÓN DE DIOS Y DE JESUCRISTO

(ii) Acerca del antinomismo y la inmoralidad flagrante de los herejes a los que condena Judas no cabe la menor duda. Las otras dos faltas de las que los acusa no son tan fáciles de detectar. Los acusa de que, como dice la versión *Reina-Valera'95* «niegan a Dios, el único Soberano, y a nuestro Señor Jesucristo,» y añade en una nota: «Otra posible traducción: *A nuestro único soberano y señor, Jesucristo*» (versículo 4). La doxología final se dirige al «al único y sabio Dios,» una frase que se encuentra también en *Romanos 16:27; 1 Timoteo 1:17,* y cp. *6:15).* La reiteración de la palabra *único* es significativa. Si Judas habla acerca de nuestro *único* Soberano y Señor, y del *único* Dios, es natural suponer que habría quienes cuestionaran la *unicidad* de Jesucristo y de Dios. ¿Podemos trazar una línea de pensamiento parecida en la Iglesia Primitiva y, en caso afirmativo, coincide con cualquier otra evidencia que la misma carta pueda suplir?

Como sucede tan a menudo en el Nuevo Testamento, nos encontramos frente a ese tipo de pensamiento que llegó a conocerse como *gnosticismo.* Su idea básica era que este es un universo dualista, con dos principios eternos. Desde el principio del tiempo ha habido siempre espíritu y materia. El espíritu es esencialmente bueno; la materia, esencialmente mala. De esa materia corrompida se creó el mundo. Ahora bien: Dios es puro espíritu, y por tanto no podía manejar esta materia esencialmente mala. ¿Cómo se pudo efectuar la creación? Dios produjo una serie de eones o emanaciones, sucesivamente cada vez más lejos de Él. Al final de esta larga cadena hubo un eón, ya lo bastante distante de Dios para poder tocar la materia, que fue el que se encargó de la creación del mundo.

Esto no era todo lo que creían los gnósticos. Conforme los eones de la serie se iban alejando más y más de Dios cada vez Le conocían menos; y se iban haciendo más y más hostiles a Dios. El eón creador, al final de la serie, era al mismo tiempo ignorante y totalmente hostil a Dios.

Al llegar a ese punto, los gnósticos dieron otro paso: identificaron al verdadero Dios con el Dios del Nuevo Testamento; y al dios ignorante y hostil, con el del Antiguo Testamento. Para ellos, el Dios de la creación era distinto del dios de la revelación y de la redención. El Cristianismo, por otra parte, cree en el *único* Dios: el Dios de la Creación, y de la Providencia, y de la Redención.

Esta era la explicación que daban los gnósticos del pecado. Tenía su origen en el hecho de que la creación había surgido, en primer lugar, de una materia mala; y, en segundo lugar, la había producido un dios ignorante, y de ahí que existieran el pecado y el sufrimiento y la imperfección.

Esta línea de pensamiento gnóstica tenía un resultado curioso, pero perfectamente lógico. Si el dios del Antiguo Testamento era ignorante del verdadero Dios y hostil a Él, debe deducirse de ahí que las personas a las que aquel dios ignorante perseguía eran en realidad *buenas* personas. Está claro que el dios hostil también sería hostil a las personas que eran los verdaderos siervos del verdadero Dios. Por tanto los gnósticos, por así decirlo, ponían el Antiguo Testamento patas arriba, y consideraban a sus héroes villanos, y a sus villanos héroes. Había hasta una secta de gnósticos llamados los ofitas —del griego *ofis, serpiente*— porque adoraban a la serpiente del Edén; y algunos que consideraban a Caín, y a Coré, y a Balaam como grandes héroes. A esos mismos se refiere Judas poniéndolos como trágicos y terribles ejemplos de pecado.

Así es que podemos dar por sentado que los herejes a los que ataca Judas eran gnósticos que negaban la unicidad de Dios, que consideraban que el Dios de la creación era diferente del Dios de la redención, que veían en el Antiguo Testamento a un dios ignorante del verdadero Dios y Su enemigo, y que, por tanto, ponían el Antiguo Testamento patas arriba para considerar pecadores a los verdaderos siervos del verdadero Dios, y a Sus santos como siervos del dios hostil.

Estos herejes no solamente negaban la unicidad de Dios, sino también a «nuestro único Soberano y Señor Jesucristo.»

Es decir, negaban la unicidad de Jesucristo. ¿Cómo encaja eso con las ideas gnósticas que nos son conocidas? Ya hemos visto que, según las creencias gnósticas, había una serie de eones entre Dios y el mundo. Los gnósticos consideraban a Jesucristo como uno de estos eones, no como nuestro *único* Soberano y Señor; era solamente uno entre muchos mediadores entre Dios y el hombre, aunque pudiera ser el más elevado y el más próximo a Dios.

Tenemos todavía otra referencia a estos herejes de *Judas,* que también encaja perfectamente en lo que sabemos de los gnósticos. En el versículo 19, Judas los describe como «los que introducen divisiones.» Los herejes introducían alguna especie de distinciones de clase entre los miembros de la Iglesia. ¿Cuáles eran esas distinciones?

Ya hemos visto que entre Dios y el hombre decían que se extendía una interminable serie de eones. El objetivo del hombre debe ser llegar al contacto con Dios. Para alcanzar su fin, el alma tiene que atravesar esta serie interminable de eslabones entre Dios y el hombre. Los gnósticos mantenían que para conseguirlo se requería un conocimiento muy especial y esotérico. Tan profundo era ese conocimiento que eran muy pocos los que podían alcanzarlo.

Los gnósticos, por tanto, dividían a los miembros de la Iglesia en dos clases: los *pneumatikoi* y los *psyjikoi.* El *pneuma* era el espíritu humano, lo que le hace semejante a Dios; y los *pneumatikoi* eran personas *espirituales,* cuyos espíritus eran tan desarrollados e intelectuales que podían ascender la larga escala y llegar hasta Dios. Estos *pneumatikoi,* los gnósticos pretendían que estaban tan equipados intelectual y espiritualmente que podían llegar a ser tan buenos como Jesús —Ireneo dice que algunos de ellos creían que los *pneumatikoi* podían llegar a ser *mejores* que Jesús, y alcanzar la unión directa con Dios.

Por otra parte, la *psyjê* era simplemente el principio de la vida física. Todos los seres vivos tenían *psyjê.* Era algo que el hombre compartía con la creación animal y aun vegetal. Los *psyjikoi* eran gente ordinaria; tenían la vida física, pero su *pneuma* estaba sin desarrollar, y eran incapaces de alcanzar nunca la sabiduría intelectual que les permitiría escalar el largo camino hacia Dios. Los *pneumatikoi* eran una minoría reducida y selecta; los *psyjikoi* eran la inmensa mayoría de gente vulgar y corriente.

Es fácil ver que esta clase de creencias producía inevitablemente una cursilería y un orgullo supuestamente espirituales. Introducía en la Iglesia la peor especie de distinción de clases.

Así que los herejes que ataca Judas eran hombres que negaban la unicidad de Dios, y Le desdoblaban en un dios ignorante y creador, y un Dios verdaderamente espiritual; que negaban la unicidad de Jesucristo, y Le veían como uno de los eslabones entre Dios y el hombre; que suscitaban distinciones de clase dentro de la Iglesia, y limitaban la comunión con Dios a unos pocos intelectuales.

## LA NEGACIÓN DE LOS ÁNGELES

(iii) Además se implica que estos herejes negaban e insultaban a los ángeles. Se dice que «rechazan la autoridad, e injurian a los gloriosos» (versículo 8). Las palabras «autoridad» y «los gloriosos» describen rangos de la jerarquía judía de los ángeles. El versículo 9 hace referencia a la historia de *La asunción de Moisés,* en la que se dice que a Miguel se le encomendó la tarea de enterrar el cuerpo de Moisés. El diablo trató de impedírselo y de reclamar el cuerpo. Miguel no hizo ninguna acusación contra el diablo ni le dirigió palabras insultantes; solamente dijo: «¡Que el Señor te reprenda!» Si el arcángel Miguel, en tales circunstancias, no dijo nada contra el príncipe de los ángeles malos, está claro que nadie puede hablar mal de ellos.

Las creencias judías acerca de los ángeles eran muy elaboradas. Cada nación tenía su ángel protector; cada persona, cada niño tenía su ángel. Todas las fuerzas de la naturaleza, el viento y el mar y el fuego y todas las demás, estaban bajo el control de ángeles. Hasta se podía decir: «Cada brizna de hierba tiene su ángel.» Está claro que los herejes atacaban a los ángeles. Es probable que dijeran que los ángeles eran los servidores del dios creador ignorante y hostil, y que un cristiano no debe tener nada que ver con ellos. No podemos estar totalmente seguros de lo que subyace bajo todo esto; pero a todos sus errores los herejes añadían el desprecio de los ángeles; y para Judas esto era sin duda reprobable.

## JUDAS Y EL NUEVO TESTAMENTO

Ahora debemos examinar las cuestiones acerca de la fecha y el autor de *Judas*.

*Judas* tuvo algunas dificultades para entrar en el Nuevo Testamento; es uno de los libros cuya posición estuvo mucho tiempo insegura y que fueron tardíos en obtener una plena aceptación como parte del Nuevo Testamento. Resumamos brevemente las opiniones de los grandes padres e investigadores de la Iglesia Primitiva.

*Judas* estaba incluido en el Canon de Muratori, compuesto hacia el año 170 d.C., y que se puede considerar como la primera lista semioficial que ha llegado hasta nosotros de los libros aceptados por la Iglesia. La inclusión de *Judas* resulta extraña si recordamos que el Canon de Muratori no incluía en su lista *Hebreos* y *Primera de Pedro*. Pero a partir de entonces se habla largo tiempo de *Judas* con dudas. A mediados del siglo III, Orígenes la conocía y usaba, pero era plenamente consciente de que había muchos que ponían en duda su derecho a ser Escritura. Eusebio, el gran erudito de mediados del siglo IV, hizo un examen exaustivo de la posición de varios libros que estaban en uso, y clasificó *Judas* entre los libros discutidos.

Jerónimo, el traductor de la Vulgata, tenía sus dudas acerca de *Judas,* y nos da las razones para las dudas que se tenían.

Lo extraño de *Judas* es la forma en que cita como autoridades libros que estaban *fuera* del Antiguo Testamento. Usa como Escritura algunos libros que se escribieron entre el Antiguo Testamento y el Nuevo Testamento, y que no se consideraron nunca como Escritura. Aquí tenemos dos ejemplos determinados. La referencia en el versículo 9 a Miguel discutiendo con el diablo sobre el cuerpo de Moisés está tomada del libro apócrifo *La Asunción de Moisés.* En los versículos 14 y 15 Judas confirma su posición con una cita de una profecía, como era costumbre de todos los autores del Nuevo Testamento; pero la cita de Judas está tomada del *Libro de Henoc,* que él parece considerar Escritura. Jerónimo nos dice que Judas tenía la costumbre de usar libros que no eran de la Escritura como si lo fueran, cosa que hacía que algunas personas lo aceptaran con reservas; y hacia el fin del siglo III en Alejandría era precisamente de esa misma acusación de la que Dídimo le defendía. Lo más extraño de Judas es probablemente eso de usar libros que no eran de la Escritura como los otros autores del Nuevo Testamento usaban a los profetas; y en los versículos 17 y 18 hace uso de un dicho de los apóstoles que no se ha podido identificar.

*Judas,* pues, fue uno de los libros que tuvieron que esperar más tiempo para asegurarse su lugar en el Nuevo Testamento; pero para el siglo IV ya parece que lo tenía seguro.

## LA FECHA

Hay claras indicaciones de que *Judas* no es un libro muy temprano. Habla de «la fe que ha sido una vez dada a los santos» (versículo 3), refiriéndose, al parecer, a un tiempo pasado, desde un presente en el que había un cuerpo de doctrinas que se consideraban ortodoxas. En los versículos 17 y 18 exhorta a sus lectores a recordar las palabras de los apóstoles del Señor Jesucristo. Eso suena a un tiempo cuando los apóstoles ya no estaban entre ellos, y la Iglesia recordaba su pasada enseñanza. La atmósfera de *Judas* es la de un libro que mira hacia atrás.

Ya hemos mencionado el hecho de que nos parece que *Segunda de Pedro* hace uso de *Judas* considerablemente. Se puede ver que su segundo capítulo tiene una relación indiscutible con *Judas*. Es bastante seguro que uno de ellos tomó prestado del otro. Por razones de carácter general, es mucho más probable que el autor de *Segunda de Pedro* incorporara la totalidad de *Judas* en su obra que que Judas tomara, sin razón aparente, una sección de *Segunda de Pedro*. Ahora bien, si creemos que *Segunda de Pedro* la usa, *Judas* no puede ser muy tardía, aunque no sea tampoco muy temprana.

Es verdad que *Judas* recuerda como pasado el tiempo de los apóstoles; pero también es verdad que, con la probable execepción de Juan, todos los apóstoles habrían muerto hacia el año 70 d.C. Tomando juntamente el hecho de que *Judas* es posterior a los apóstoles y el de que *Segunda de Pedro* la usa, una fecha entre los años 80 y 90 parece razonable.

## EL AUTOR DE *JUDAS*

¿Quién era el Judas, o Judá, que escribió esta carta? Se identifica como «siervo de Jesucristo y hermano de Santiago.» En el Nuevo Testamento hay cinco que se llamaban Judas.

(i) Está el Judas de Damasco en cuya casa estaba orando Saulo después de su conversión en el camino de Damasco *(Hechos 9:11)*.

(ii) Está Judas Barsabás, una de las autoridades de los concilios de la Iglesia que, juntamente con Silas, fue portador a Antioquía de la decisión del Concilio de Jerusalén cuando se abrió la puerta de la Iglesia a los creyentes gentiles *(Hechos 15:22,27,32)*. Este Judas era también profeta *(Hechos 15:32)*.

(iii) Está Judas Iscariote.

Ninguno de estos tres se ha considerado en serio que pudiera ser el autor de esta carta.

(iv) Está el segundo Judas del grupo apostólico. Juan le llama «Judas, no el Iscariote» (Juan 14:22). En la lista que nos da Lucas de los Doce figura un apóstol al que la versión Reina-Valera llama «Judas hermano de Jacobo» *(Lucas 6:16; Hechos 1:13).* Si hubiéramos de depender solamente de la versión Reina-Valera creeríamos que teníamos aquí un serio candidato a la autoría de esta carta; y, de hecho, Tertuliano llama al autor «el apóstol Judas.» Pero en el original griego a este se le llama simplemente «Judas de Santiago.» Este es un modismo muy corriente en griego, y casi siempre quiere decir, no «hermano de» sino «hijo de;» así que «Judas de Santiago» no es en la lista de los Doce «Judas, *el hermano* de Santiago,» sino «Judas, *el hijo* de Santiago,» como muestran todas las traducciones más recientes.

(v) Está el Judas que era ehermano de Jesús *(Mateo 13:35; Marcos 6:3).* Si alguno de los Judas del Nuevo Testamento fue el autor de esta carta, tiene que haber sido este, porque sólo él podría ser llamado en verdad *«el hermano* de Santiago.»

¿Se ha de tomar esta breve carta como de Judas el hermano del Señor? En ese caso merecería un interés especial. Pero existen objeciones.

(i) Si Judas —para usar la forma de su nombre con la que estamos más familiarizados— era hermano de Jesús, ¿Por qué no lo dice? ¿Por qué se identifica como «Judas, el hermano de Santiago» y no como «Judas, el hermano del Señor?» Sin duda es una explicación suficiente el decir que se resistía a aplicarse un título tan honorable. Aun siendo cierto que era hermano de Jesús, prefería, por humildad, llamarse Su siervo; porque Jesús era, no sólo su hermano, sino también su Señor. Además, Judas el hermano de Santiago no es probable que saliera nunca de Palestina. La Iglesia que conocía sería la de Jerusalén, de la que Santiago era la cabeza indiscutible. Si estaba escribiendo a las iglesias de Palestina, su relación con Santiago sería la que se subrayara más naturalmente. Después de pensarlo un poco, nos sorprendería más el que Judas se llamara «el hermano de Jesús» más bien que «el siervo de Jesucristo.»

(ii) Se ha objetado a que Judas se llamara siervo de Jesucristo, lo que equivaldría a llamarse apóstol. «Siervos de Dios» era el título de los profetas del Antiguo Testamento. «Porque no hará nada el Señor Dios sin revelar Su secreto a Sus siervos los profetas» *(Amós 3:7).* Lo que había sido un título profético en el Antiguo Testamento se convirtió en un título apostólico en el Nuevo Testamento. Pablo se identifica como siervo de Jesucristo *(Romanos 1:1; Filipenses 1:1).* Se le llama el siervo de Dios en las Epístolas Pastorales *(Tito 1:1),* y ese mismo título se lo aplica Santiago *(Santiago 1:1).* Se concluye por tanto que al llamarse «siervo de Jesucristo» Judas está aplicándose el título de apóstol.

A esto se le pueden dar dos respuestas. La primera, que el título «siervo de Jesucristo» no está confinado a los Doce, porque se lo da Pablo a Timoteo *(Filipenses 1:1).* La segunda, que aun cuando se considerara un título apostólico en el sentido más amplio de la palabra, encontramos a los hermanos del Señor asociados con los Once después de la Ascensión *(Hechos 1:14),* y Judas, como Santiago, bien puede haber figurado entre ellos; y se nos dice que «los hermanos de Jesús» eran importantes en la obra misionera de la Iglesia *(1 Corintios 9:5).* La evidencia de que disponemos tiende a demostrar que Judas, el hermano de nuestro Señor, fue uno de los miembros del círculo apostólico; y, por tanto, el título «siervo de Jesucristo» se le puede aplicar perfectamente.

(iii) Se discute que el Judas de Palestina que era hermano de Jesús pudiera escribir el griego de esta carta, porque sería arameo-parlante. Ese no es un razonamiento conclusivo. Judas conocería probablemente el griego, porque era *la lingua franca* del mundo antiguo, que casi todo el mundo conocía y usaba además de su lengua materna. El griego de *Judas* es áspero y vigoroso. Puede haber estado dentro de la capacidad de Judas el escribirlo por sí mismo; y si no, usaría a algún ayudante y traductor como hizo Pedro con Silvano.

(iv) También se puede argüir que la herejía que ataca Judas es el gnosticismo, y que este era una manera griega de pensar más bien que judía— ¿y a santo de qué se puso el Judas de Palestina a escribir a los griegos? Pero es un hecho sorprendente acerca de esta herejía que es lo opuesto del judaísmo ortodoxo. La regla de toda la vida judía era la Santa Ley; la creencia básica de la religión judía era que no hay más que un solo Dios; la creencia judía en los ángeles se había desarrollado considerablemente. No es ni mucho menos difícil de suponer que, cuando algunos judíos entraran en la fe cristiana, se pasaran al otro extremo. Es fácil imaginar que un judío que hubiera sido toda la vida un siervo de la Ley, que descubriera de pronto la gracia, se entregara al antinomismo como reacción contra su anterior legalismo; y reaccionara de manera parecida contra la fe judía tradicional en un Dios único y en ángeles. Es de hecho fácil ver en los herejes a los que ataca Judas a judíos que habían entrado en la Iglesia Cristiana más bien como renegados del judaísmo que como cristianos verdaderamente convencidos.

(v) Por último, se podría objetar que, si se hubiera sabido que esta carta era obra de Judas el hermano de Jesús no habría tardado tanto en entrar en el Nuevo Testamento. Pero antes del final del siglo I la Iglesia era mayoritariamente gentil, y a los judíos se los consideraba enemigos y calumniadores de la Iglesia. Durante la vida de Jesús, Sus hermanos habían sido Sus enemigos; y bien podría haber sucedido que una carta tan judía como *Judas* tuviera que vencer mucha resistencia para ser incluida en el Nuevo Testamento, aunque su autor fuera hermano de Jesús.

## JUDAS, EL HERMANO DE JESÚS

Si esta carta no es obra de Judas, el hermano de Jesús, ¿cuáles son las alternativas que se sugieren? En general, podemos considerar dos.

(i) Esta carta es la obra de un hombre llamado Judas, de quien no se sabe nada más. Esta teoría se enfrenta con una doble dificultad. Primera, tenemos la coincidencia de que este Judas era también el hermano de Santiago. Segunda, es difícil explicar por qué una carta tan breve llegó a tener ninguna autoridad si era la obra de un desconocido.

(ii) Esta carta es seudónima. Es decir, la escribió cualquier otra persona, pero se le atribuyó a Judas. Esa era una práctica corriente en el mundo antiguo. Entre el Antiguo Testamento y el Nuevo Testamento se escribieron docenas de libros que se atribuyeron a personajes como Moisés, Henoc, Baruc, Isaías, Salomón y muchos otros. A nadie le parecía que aquello estuviera mal. Pero debemos advertir dos cosas acerca de *Judas.*

(*a*) En el caso de tales publicaciones, el nombre al que se atribuía un libro era famoso; pero Judas, el hermano de nuestro Señor, fue un casi desconocido; no se le contaba entre las grandes figuras de la Iglesia Primitiva. Se cuenta que en los días del emperador Domiciano hubo un intento deliberado de asegurarse de que el Cristianismo no se extendiera. Llegaron noticias a las autoridades romanas de que algunos de la familia de Jesús vivían todavía; entre ellos los nietos de Judas. Los romanos consideraron la posibilidad de que pudiera surgir alguna rebelión en conexión con esas personas, y dieron órdenes de que comparecieran ante los tribunales romanos. Cuando así lo hicieron, se vio que se trataba de trabajadores de manos encallecidas, y se los despidió como personas sin importancia e inofensivas. Está claro que Judas era casi un desconocido, y no existía razón alguna para atribuirle un libro a una persona a la que nadie conocía.

(*b*) Cuando se escribía un libro seudónimo, no se dejaba al lector en ninguna duda en cuanto a la persona a la que se le atribuía. Si esta carta se hubiera publicado como obra de Judas el hermano del Señor, se le habría mencionado en el título de manera que nadie pudiera confundirle con otro; y, sin embargo, de hecho, no se presenta nada claramente quién es el autor.

*Judas* es típicamente judía. Sus referencias y alusiones son tales que solamente un judío las podría entender. Es sencilla y tosca, gráfica y pictórica. Está claro que es la obra de un pensador sencillo, y no de un teólogo. Le encaja bien a Judas el hermano de nuestro Señor. Se atribuye a su nombre, y no es fácil imaginar por qué se le iba a atribuir a menos que él fuera su verdadero autor.

Es nuestra opinión que esta breve carta es realmente obra de Judas el hermano de Jesús.

# JUDAS

## LO QUE QUIERE DECIR SER CRISTIANO

*Judas 1, 2*

> *Judas, siervo de Jesucristo y hermano de Santiago, envía esta carta a los llamados, que son amados en Dios y guardados por Jesucristo. Que la misericordia y la paz y el amor se os multipliquen.*

Pocas cosas dicen tanto de una persona como la manera como habla de sí misma; pocas cosas son tan reveladoras como los títulos por los que desea que le conozcan. Judas se llama a sí mismo siervo de Jesucristo y hermano de Santiago. Así nos dice dos cosas acerca de sí mismo.

(i) Judas era un hombre que estaba contento con ocupar un segundo lugar. No era tan conocido como Santiago; y se contentaba con que le conocieran como *el hermano de Santiago.* En esto se parecía a Andrés, que era el hermano de Simón Pedro *(Juan 6:8).* También él se identificaba por su relación con un hermano más famoso que él. Judas y Andrés podrían haber sentido rencor por vivir a la sombra de sus hermanos; pero los dos tenían el don de aceptar con buena voluntad el lugar subordinado.

(ii) El único título de honor que Judas se permitía era el de *siervo de Jesucristo.* En griego es *dulos,* que quiere decir *esclavo* más que siervo o servidor. Es decir: Judas consideraba que no tenía más que un objetivo y una distinción en la vida: el estar siempre a disposición de Jesús para servirle en Su causa. La más grande gloria que ningún cristiano puede alcanzar es la de serle útil a Jesucristo.

En esta introducción usa Judas tres palabras para describir a los cristianos.

(i) Los cristianos son personas a las que *Dios ha llamado*. En griego *llamar* es *kalein;* y *kalein* tiene tres grandes áreas de uso. (*a*) Es la palabra que se usa para convocar a una persona *a una misión, a un deber, a una responsabilidad*. El cristiano es llamado a un deber, a una responsabilidad en el servicio de Cristo. (*b*) Es la palabra que se usa para invitar a una persona *a una fiesta* o a *una celebración*. Es la palabra para una invitación a una ocasión alegre. Un cristiano es una persona que ha sido invitada a la alegría de ser huésped de Dios. (*c*) Es la palabra para citar a una persona *a juicio*. Es la palabra para convocar a· una persona a rendir cuentas. El cristiano está convocado para presentarse ante el tribunal de Cristo.

(ii) Los cristianos son personas a las que *Dios ama*. Es este gran hecho el que determina la naturaleza de la llamada. La llamada a las personas es para ser amadas y para amar. Dios llama a las personas a una tarea, pero esa tarea es un honor y no una carga. Dios llama a las personas a un servicio; pero es el servicio de la solidaridad, no de la tiranía. Por último, Dios llama a las personas a juicio; pero es el juicio del amor, y no solo de la justicia.

(iii) Los cristianos son personas a las que *Cristo guarda*. El cristiano no está nunca abandonado; Cristo es su constante centinela y su compañero de viaje.

## LA LLAMADA DE DIOS

**Judas 1, 2** *(conclusión)*

Antes de pasar a otro pasaje, pensemos un poco más sobre la llamada de Dios, y tratemos de ver algo de lo que quiere decir.

(i) Pablo habla de ser llamado para ser *apóstol (Romanos 1:1; 1 Corintios 1:1)*. La palabra que usa en griego es *apóstolos,* que viene del verbo *apostellein, enviar,* y por tanto un apóstol es *uno que es enviado.* Es decir: que un cristiano es embajador de Cristo. Es enviado al mundo para hablar de Cristo, para actuar por Cristo, para vivir para Cristo. Mediante su vida presenta a Cristo a otras personas.

(ii) Pablo habla de ser llamados para ser *santos (Romanos 1:7; 1 Corintios 1:2).* La palabra para *santo* es *haguios,* que quiere decir literalmente *diferente.* El sábado es santo porque es diferente de los demás días; Dios es supremamente Santo porque es absolutamente diferente de los hombres. El ser llamados para ser *santos* es ser llamados para ser *diferentes.* El mundo tiene sus propios baremos, y sus propias escalas de valores. La diferencia para el cristiano consiste en que Cristo es el único estándar, y la lealtad a Cristo, el único valor.

(iii) El cristiano es llamado *conforme al propósito de Dios (Romanos 8:28).* La llamada de Dios se dirige a todas las personas, aunque no todas la aceptan. Y esto quiere decir que Dios tiene un propósito para cada persona. El cristiano es el que se somete al propósito que Dios tiene para él.

Pablo tiene mucho que decir acerca de esta llamada de Dios, y podemos exponerlo sólo muy sumariamente. Pone delante de cada persona una gran esperanza *(Efesios 1:18; 4:4).* Debería ser una influencia unificadora que vinculara a las personas mediante la convicción de que todos tienen parte en el propósito de Dios *(Efesios 4:4).* Es una llamada *hacia arriba (Filipenses 3:14),* que le hace a una persona iniciar la marcha hacia las estrellas. Es una llamada *celestial (Hebreos 3:1),* que hace que uno piense en las cosas que son invisibles y eternas. Es una llamada *santa,* una llamada a consagrarnos a Dios. Es una llamada que incluye la tarea cotidiana normal de cualquier persona *(1 Corintios 7:20).* Es una llamada que no cambia, porque Dios no cambia de idea *(Romanos 11:29).* No reconoce las distinciones humanas, ni su escala de importancias *(1 Corintios 1:26).* Es algo de lo que el cristiano debe ser digno *(Efesios 4:1; 2 Tesalonicenses 1:11);* y toda la vida debe ser un esfuerzo prolongado para asegurarla *(2 Pedro 1:10).*

La llamada de Dios es el privilegio, el desafío y la inspiración de la vida cristiana.

## DEFENDIENDO LA FE

**Judas 3**

> *Amados: Cuando yo estaba decidido a dedicar toda mi energía a escribiros acerca de la fe que todos nosotros compartimos, me sentí impulsado a escribiros una carta para exhortaros a que os comprometáis en la lucha por la defensa de la fe que fue encomendada al pueblo consagrado de Dios de una vez para siempre.*

Aquí tenemos las circunstancias en que se escribió la carta. Judas había estado ocupado escribiendo un tratado acerca de la fe cristiana; pero llegaron noticias de que algunos malvados y descarriados habían estado difundiendo una enseñanza destructiva. Entonces llegó a la convicción de que debía dejar de lado de momento su tratado, y escribir esta carta.

Judas asumía plenamente su obligación de ser el vigía del rebaño de Dios. La pureza de la fe estaba en peligro, y él se apresuró a defender tanto a sus ovejas como la fe. Eso implicaba dejar a un lado el trabajo en que había estado ocupado; pero a menudo es mucho mejor escribir una carta para salir al paso de la necesidad del momento presente que un tratado para el futuro. Puede ser que Judas no volviera a tener otra oportunidad de escribir el tratado que tenía en mente; pero el hecho es que hizo más por la Iglesia escribiendo esta urgente, breve carta de lo que posiblemente habría hecho dejándonos un extenso tratado sobre la fe.

En este pasaje hay ciertas verdades acerca de la fe que sustentamos y nos sustenta.

(i) La fe es *algo que se nos ha confiado*. Los hechos de la fe cristiana no son nada que hayamos descubierto por nosotros mismos. En el verdadero sentido de la palabra son *tradición,* algo que se ha transmitido de generación en generación hasta llegar a nosotros. Se remontan en una cadena ininterrumpida hasta Jesucristo mismo.

Hay algo que añadir a esto. Los hechos de la fe son desde luego algo que no hemos descubierto nosotros. Es por tanto verdad que la tradición cristiana no es nada que se transmita mediante la fría impresión de libros; es algo que se transmite de persona a persona a través de generaciones. La cadena de la tradición cristiana es una cadena viva cuyos eslabones son hombres y mujeres que han experimentado la maravilla de los hechos.

(ii) La fe cristiana es *algo que se nos ha confiado de una vez para siempre.* Hay en ella una cualidad inalterable. Eso no es decir que cada edad no tenga que redescubrir la fe cristiana; pero sí es decir que hay un núcleo inalterable en ella —y su centro permanente es que Jesucristo vino al mundo y vivió y murió para traer la Salvación a la humanidad.

(iii) La fe cristiana es *algo que se le ha confiado al pueblo consagrado a Dios.* Es decir: la fe cristiana no es la posesión de ninguna persona individual, sino de la Iglesia. Se transmite dentro de la Iglesia; se mantiene dentro de la Iglesia, y se entiende dentro de la Iglesia.

(iv) La fe cristiana es *algo que hay que defender.* Todo cristiano debe ser un defensor de ella. Si la tradición cristiana se transmite de generación en generación, cada generación debe pasarla incorrupta e incontaminada. Hay tiempos cuando esto es difícil. La palabra que usa Judas para *defender* es *epagônízesthai,* que contiene la raíz de la palabra española *agonía.* La defensa de la fe bien puede ser algo costoso; pero esa defensa es un deber que incumbe a cada generación de la Iglesia.

## EL PELIGRO DESDE DENTRO

**Judas 4**

> *Porque ciertos hombres se han introducido subrep-*
> *ticiamente en la Iglesia —que ya estaban señalados para*
> *el juicio desde mucho antes, porque son criaturas*
> *impías—, que tergiversan la gracia de Dios convirtién-*
> *dola en una justificación para la más flagrante inmo-*
> *ralidad, y que niegan a nuestro único Soberano y Señor,*
> *Jesucristo.*

Aquí encontramos el peligro que hizo que Judas dejara a un lado el tratado que estaba a punto de escribir, y tomara la pluma para escribir esta carta flamígera. El peligro venía *de dentro de la Iglesia.*

Ciertos hombres «se habían introducido subrepticiamente.» En griego —*pareisdyein*— es una palabra muy expresiva. Se usa de las palabras halagüeñas y seductoras de un contendiente astuto que se filtran gradualmente en el interior de las mentes del juez y del jurado; se usa de un fuera-de-la-ley que vuelve secretamente al país del que ha sido expulsado; se usa de la lenta pero segura y sutil intromisión de innovaciones en la vida del Estado que acaban por socavar y resquebrajar las leyes ancestrales. Siempre indica una insinuación sinuosa de algo malo en una sociedad o situación.

Ciertos hombres malvados se habían introducido en la Iglesia. Eran la clase de personas para las que estaba preparado el juicio. Eran criaturas impías, despiadadas en su pensamiento y en su vida. Judas menciona dos de sus características.

(i) Pervierten la gracia de Dios convirtiéndola en licencia para una inmoralidad flagrante. La palabra griega que hemos traducido por *inmoralidad flagrante* es una palabra hosca y terrible, *asélgueia*. El adjetivo correspondiente es *aselguês*. La mayor parte de la gente trata de ocultar sus pecados; tienen suficiente respeto a la decencia como para arriesgarse a que se los descubra. Pero el *aselguês* es el que ha perdido hasta tal punto la vergüenza que no le importa que se conozcan sus crímenes. No es que arrogante y orgullosamente presuma de ellos, sino sencillamente que puede hacer públicamente las cosas más desvergonzadas porque ha dejado de importarle la dignidad.

Estos hombres estaban sin duda contaminados de gnosticismo y su creencia de que, puesto que la gracia de Dios era suficientemente amplia para cubrir cualquier pecado, uno podía pecar cuanto quisiera. Cuanto más pecara, mayor era la gracia; por tanto, ¿por qué preocuparse? Pervertían la gracia convirtiéndola en una licencia para pecar.

(ii) Negaban a nuestro único Señor y Soberano Jesucristo. Se puede negar a Jesucristo de muchas maneras. (*a*) Se Le puede negar para evitar la persecución. (*b*) Se Le puede negar por conveniencia. (*c*) Se Le puede negar con la vida y la conducta. (*d*) Se Le puede negar difundiendo ideas falsas acerca de Él.

Si estos hombres eran gnósticos, tendrían dos ideas equivocadas acerca de Jesús. La primera, que puesto que el cuerpo, por ser materia, era malo, Jesús solamente *parecía* tener un cuerpo, pero era una especie de fantasma con la apariencia de un hombre. La palabra griega para *parecer* es *dokeîn;* y estos hombres se llamaban *docetistas*. Negaban la humanidad real de Jesucristo. La segunda, negaban también Su unicidad. Creían que había muchas etapas entre la materia mala de este mundo y el Espíritu perfecto que es Dios; y creían que Jesús era solamente una de las muchas etapas del camino.

No nos extraña que Judas se alarmara. Se encontraba con una situación en la que se habían introducido subrepticiamente en la Iglesia personas que estaban tergiversando la gracia de Dios y convirtiéndola en una justificación, y hasta en una razón, para pecar de la manera más desvergonzada y desaforada; y que negaban tanto la humanidad como la unicidad de Jesucristo.

## LOS EJEMPLOS TERRIBLES

*Judas 5-7*

> *Me propongo recordaros —aunque vosotros ya poseéis un conocimiento pleno y definitivo de todo lo que hace al caso— que, después de sacar el Señor al pueblo de Egipto a salvo, a continuación destruyó a los que fueron incrédulos; y que colocó bien guardados con cadenas eternas en el abismo de las tinieblas, pendientes del juicio que tendrá lugar en el gran Día, a los ángeles que no conservaron su propia dignidad, sino que abandonaron el lugar que les correspondía. Así también Sodoma y Gomorra y las ciudades vecinas que de la misma manera que ellas se refocilaron en los pecados sexuales y se descarriaron tras una inmoralidad sexual pervertida, son una advertencia por la manera en que pagaron el castigo del fuego eterno.*

### 1. EL DESTINO DE ISRAEL

Judas les hace una advertencia a los malvados que estaban pervirtiendo las creencias y la conducta de la Iglesia. Les dice que, en realidad, no está haciendo nada más que recordarles las cosas de las que son plenamente conscientes. En cierto sentido es verdad que la predicación cristiana no es tanto presentar nuevas verdades como enfrentar a la audiencia con la verdad que ya conocen, pero que han olvidado o están descuidando.

Para entender los dos primeros ejemplos que cita Judas de la Historia debemos tener presente una cosa. Los malvados que estaban corrompiendo la Iglesia no se consideraban enemigos de la Iglesia ni del Cristianismo, sino pensadores avanzados, una categoría superior de cristianos, una elite espiritual. Judas escoge sus ejemplos para dejar bien claro que, aunque una persona haya recibido los mayores privilegios, todavía puede acabar mal, y aun aquellos que hayan recibido los más grandes privilegios de Dios no se pueden considerar a sí mismos totalmente fuera de peligro, sino deben estar en guardia contra los posibles errores.

El primer ejemplo está tomado de la historia de Israel. Acude a buscarlo Judas a *Números 13 y 14.* La mano poderosa de Dios había librado al pueblo de la esclavitud de Egipto. ¿Qué mayor acto de liberación se podría recordar? La dirección de Dios había guiado al pueblo a salvo a través del desierto hasta las puertas de la Tierra Prometida. ¿Qué mayor prueba de Su Providencia podría haber? Así es que en la misma frontera de la Tierra Prometida, en Cades-barnea, se enviaron exploradores para que inspeccionaran la tierra antes de emprender la invasión final. Con la excepción de Caleb y Josué, los exploradores volvieron con la idea de que los peligros que les esperaban eran tan terribles, y el pueblo de la tierra tan fuerte, que no podrían conseguir entrar en la Tierra Prometida. El pueblo rechazó el informe de Josué y Caleb, que eran partidarios de seguir adelante, y aceptaron el de los que insistían en que la empresa era desesperada. Este fue un claro acto de desobediencia a Dios y de absoluta falta de fe en Él. La consecuencia fue que Dios sentenció que aquellas personas, a excepción de Josué y Caleb, todos los de más de veinte años de edad, no entrarían en la Tierra Prometida, sino vagaran por el desierto hasta morir *(Números 14:32s; 32:10-13).*

Esta era una historia que había impresionado vivamente también a Pablo y al autor de *Hebreos (1 Corintios 10:5-11; Hebreos 3:18—4:2).* Es la prueba de que hasta el hombre que haya tenido el mayor privilegio puede encontrar el fracaso antes de llegar a la meta si se aparta de la obediencia y de la fe. Johnstone Jeffrey contaba el ejemplo de cierto hombre famoso que se negaba a que se escribiera su vida antes de su muerte, «porque, decía, he visto a muchos caer en la recta final de la carrera.» John Wesley advertía: «Por tanto, que nadie presuma de las misericordias pasadas, como si ya estuviera fuera de peligro.» Juan Bunyan vio en su sueño que desde las mismas puertas del Cielo había un camino al infierno.

Judas advertía a aquellos hombres que, por muy grandes que fueran sus privilegios, debían tener cuidado, no fuera que les sobrecogiera el desastre. Es una advertencia que haremos bien en escuchar.

## LOS EJEMPLOS TERRIBLES

## 2. EL DESTINO DE LOS ÁNGELES

*Judas 5-7 (continuación)*

El segundo ejemplo terrible que aduce Judas está tomado de la caída de los ángeles.

Los judíos tenían una angelología muy desarrollada. Entre otras cosas creían que cada nación tenía su ángel de la guarda. En *La Septuaginta,* la versión griega de las Escrituras hebreas, *Deuteronomio 32:8* dice: «Cuando el Altísimo dividió las naciones, cuando separó a los hijos de Adán, puso límites a las naciones según el número de los ángeles de Dios.» Es decir: para cada nación había un ángel.

Los judíos creían en la caída de los ángeles, acerca de la cual se dice mucho en el *Libro de Henoc,* que parece haber estado a menudo tras el pensamiento de Judas. En relación con esto había dos tradiciones diferentes.

(i) La primera consideraba que la caída de los ángeles había sido debida al orgullo y a la rebelión. Esa leyenda se centraba en torno al nombre de Lucifer, el productor de la luz, el hijo de la mañana. Como lo encontramos en la versión Reina-Valera, Isaías escribe: «¡Cómo caíste del cielo, Lucero, hijo de la mañana! Derribado fuiste a tierra, tú que debilitabas a las naciones» *(Isaías 14:12).* Cuando volvieron los Setenta con gozo de su misión y Le contaron su éxito a Jesús, Él les advirtió del peligro del orgullo: «Yo vi a Satanás caer del Cielo como un rayo» *(Lucas 10:18)*. La idea que se tenía era que había habido una guerra civil en el Cielo. Los ángeles se levantaron contra Dios, y fueron arrojados; y Lucifer fue el jefe de la rebelión.

(ii) La segunda tradición se hacía eco de la Escritura en *Génesis 6:1-4*. Según esta línea de pensamiento los ángeles, atraídos por la belleza de las mujeres mortales, abandonaron el Cielo para seducirlas, y así pecaron.

En el primer caso la caída de los ángeles fue debida al *orgullo;* en el segundo, al deseo de cosas prohibidas.

En realidad Judas toma las dos tradiciones y las une. Dice que los ángeles abandonaron su dignidad; es decir, que aspiraron a un oficio que no era para ellos. Y también dice que dejaron su morada; es decir, que vinieron a la Tierra para vivir con las mujeres.

Todo esto nos parece muy extraño; se mueve en un mundo de ideas y tradiciones muy remoto del nuestro. Pero la advertencia de Judas está clara. Dos cosas produjeron la caída de los ángeles: el orgullo y la concupiscencia. A pesar de ser ángeles, y de tener el Cielo como su morada, sin embargo pecaron y quedaron pendientes de juicio por su pecado. Para los que leyeran las palabras de Judas por primera vez, estaba clara su línea de pensamiento, porque *Henoc* tenía mucho que decir acerca del destino de aquellos ángeles caídos. Así es que Judas estaba hablando a su pueblo en términos que podían entender muy bien, y les estaba diciendo que, si el orgullo y la concupiscencia trajeron la ruina a los ángeles a pesar de todos sus privilegios, podían arruinarlos a ellos también. Aquellos malvados dentro de la Iglesia eran suficientemente orgullosos para creer que sabían más de lo que la Iglesia enseñaba, y eran lo suficientemente codiciosos para pervertir la gracia de Dios convirtiéndola en una licencia para su inmoralidad. Sea cual fuera el trasfondo antiguo de sus palabras, la advertencia de Judas sigue siendo válida. El orgullo que cree saber más que Dios, y el deseo de cosas prohibidas, son el camino de la ruina en el tiempo y en la eternidad.

## LOS EJEMPLOS TERRIBLES

### 3. SODOMA Y GOMORRA

**Judas 5-7** *(conclusión)*

El tercer ejemplo que escogió Judas es la destrucción de Sodoma y Gomorra. Famosas por sus pecados, estas ciudades fueron obliteradas por el fuego de Dios. En su *Geografía histórica de la Tierra Santa,* George Adam Smith señala que ningún otro incidente de la Historia hizo un impacto comparable en la memoria del pueblo judío, y que Sodoma y Gomorra se usan una y otra vez en la Escritura como ejemplos *par excellence* del pecado humano y del juicio divino; así los citó también el mismo Jesús *(Deuteronomio 29:23; 32:32; Amós 4:11; Isaías 1:9; 3:9; 13:19; Jeremías 23:14; 49:18; 50:40; Sofonías 2:9; Lamentaciones 4:6; Ezequiel 16:46, 49, 53, 55; Mateo 10:15; 11:24; Lucas 10:12; 17:29; Romanos 9:29; 2 Pedro 2:6; Apocalipsis 11:8).* «El reflejo de Sodoma y Gomorra se extiende por toda la historia de la Escritura.» La historia de la corrupción a ultranza de Sodoma y Gomorra se nos cuenta en *Génesis 19:1-11,* y el trágico relato de su destrucción en el pasaje inmediatamente posterior *(Génesis 19:12-28).* El pecado de Sodoma es uno de los relatos más terribles de la Historia. Ryle lo llamó «un incidente repulsivo.» El verdadero horror del incidente está velado ligeramente en la versión Reina-Valera mediante un giro típicamente hebreo. A Lot le habían llegado dos visitantes angélicos. Ante la insistencia de Lot, entraron en su casa para ser sus huéspedes. Cuando estaban allí, los habitantes de Sodoma cercaron la casa exigiéndole a Lot que sacara a sus visitante para *conocerlos.* En hebreo, *conocer* puede querer decir también *tener relación sexual.* Se dice, por ejemplo, que Adán *conoció* a su mujer, y ella concibió y dio a luz a Caín *(Génesis 4:1).* Lo que los habitantes de Sodoma se proponían era tener relación homosexual con los dos visitantes de Lot —*Sodomía,* es la palabra que designa tradicionalmente este pecado, y *sodomitas* a los que lo cometen.

Fue después de esto cuando fueron obliteradas de la faz de la tierra. Las ciudades vecinas eran Zoar, Adma y Zeboim *(Deuteronomio 29:23; Oseas 11:8)*. Este desastre se localizó en el terrible desierto de la región del mar Muerto, una región que George Adam Smith llama «esa hondonada terrible, esa parcela de las regiones infernales salida a la superficie, ese averno agostado por el sol.» Fue allí donde se decía que habían estado las ciudades; y se decía que bajo ese suelo calcinado y estéril seguía ardiendo un fuego eterno de destrucción. El suelo es bituminoso a causa del petróleo de debajo, y George Adam Smith supone que lo que sucedió fue que «en este suelo bituminoso tuvo lugar una de esas terribles explosiones y conflagraciones que se han producido en la geología similar de Norteamérica. En tales suelos se forman depósitos subterráneos de petróleo y de gas, liberados repentinamente por su propia presión o por un terremoto. El gas explota, elevando en el aire masas de petróleo que vuelven a caer como lluvia de fuego, y son tan inextinguibles que siguen ardiendo flotando sobre el agua.» Fue tal vez por una erupción de fuego así como fueron destruidas Sodoma y Gomorra. Ese terrible desierto estaba sólo a un día de camino de Jerusalén, y los judíos nunca olvidaron este juicio divino sobre el pecado.

Así pues, Judas les recuerda a estos malvados el destino de aquellos que en los tiempos pasados desafiaron la ley moral de Dios. Es razonable suponer que los que Judas denuncia también habían descendido a la sodomía, y estaban pervirtiendo la gracia de Dios para justificarla.

Judas insiste en que deberían recordar que el pecado y el juicio van de la mano, y deberían arrepentirse antes que fuera demasiado tarde.

## EL DESPRECIO A LOS ÁNGELES

**Judas 8 y 9**

> *De la misma manera, estos también contaminan la carne con sus sueños, y menosprecian a los poderes celestiales, y hablan mal de las glorias angélicas. Cuando el arcángel Miguel mismo estaba disputando con el diablo el cuerpo de Moisés, no se aventuró a lanzar contra él una acusación condenatoria, sino dijo simplemente: «¡Que el Señor te reprenda!»*

Judas empieza este pasaje comparando a los hombres malvados con los falsos profetas a los que la Escritura condena. *Deuteronomio 13:1-5* establece lo que se ha de hacer con «un profeta o soñador de sueños» que corrompa a la nación y aparte al pueblo de su lealtad a Dios. Tal profeta debe morir irremisiblemente. Estos hombres a los que Judas ataca son falsos profetas, soñadores de falsos sueños, seductores del pueblo, y han de ser tratados como tales. Su falsa enseñanza producía dos resultados.

(i) Les hacía contaminar la carne. Ya hemos visto la doble dirección de su enseñanza sobre la carne. Primero, la carne era totalmente mala, y por tanto no tenía ninguna importancia; así es que los instintos del cuerpo se podían satisfacer sin ningún control. Segundo, la gracia de Dios lo perdonaba todo; y, por tanto, el pecado no importaba, puesto que la gracia perdonaba todos los pecados. El pecado no era más que un medio para que la gracia tuviera oportunidad de obrar.

(ii) Despreciaban a los ángeles. Los poderes celestiales y las glorias angélicas eran rangos en la jerarquía angélica. Esto sigue inmediatamente después de la referencia a Sodoma y Gomorra como ejemplos terribles; y parte del pecado de Sodoma fue el deseo de sus habitantes de abusar de los visitantes angélicos *(Génesis 19:1-11).* Los hombres que Judas ataca hablaban mal de los ángeles. Para demostrar lo terrible que eso era cita Judas un ejemplo del libro apócrifo *La Asunción de Moisés*. Una de las cosas que extrañan de *Judas* son las citas de los libros apócrifos. A nosotros nos sorprenden; pero esos libros se usaban ampliamente en el tiempo en que Judas estaba escribiendo, y las citas que se hicieran de ellos serían muy efectivas.

El relato de *La Asunción de Moisés* es como sigue. La historia sorprendente de la muerte de Moisés se encuentra en *Deuteronomio 34:1-6*. *La Asunción de Moisés* sigue el tema hablando de la tarea de enterrarle, que se le confió al arcángel Miguel. El diablo le disputó a Miguel la posesión del cuerpo de Moisés. Basaba su pretensión en dos razones. Primera, que el cuerpo de Moisés era materia; la materia era mala; y, por tanto, le pertenecía a él, porque la materia era su dominio. Segunda, que Moisés era un asesino, porque había matado al egipcio que estaba maltratando al hebreo *(Éxodo 2:11s)*. Y, si era un asesino, el diablo tenía derecho a su cuerpo. La lección que Judas ve en esto es que Miguel estaba ocupado en una tarea que le había asignado Dios; el diablo estaba tratando de impedírselo, presentando unos derechos que en realidad no tenía. Pero, hasta en un conjunto de circunstancias así, Miguel no habló mal del diablo, sino simplemente le dijo: «¡Que el Señor te reprenda!» Si el más importante de los ángeles buenos se negó a hablar mal del mayor de los ángeles malos, hasta en circunstancias tales, no hay duda que ningún ser humano puede hablar mal de ningún ángel.

Lo que estaban diciendo acerca de los ángeles los hombres que Judas está atacando, no lo sabemos. Tal vez decían que no existían; o que eran malos. Este pasaje no tiene mucho sentido para nosotros; pero sin duda contenía una seria reprensión para aquellos a los que Judas se lo dirigió.

## UN EVANGELIO CARNAL

**Judas 10**

*Pero estas personas hablan mal de todo lo que no
entienden, mientras que se permiten corromperse por el
conocimiento que les reportan sus instintos, viviendo a
merced de ellos como bestias irracionales.*

Judas dice dos cosas de los hombres malos a los que está
atacando.

(i) Critican todo lo que no entienden. Consideran sin valor
e irrelevante cualquier cosa que esté fuera de su órbita y de
su experiencia. Como decía Pablo: «El hombre natural no
percibe las cosas que son del Espíritu de Dios, porque para él
son locura; y no las puede entender porque se han de discernir
espiritualmente» *(1 Corintios 2:14).* Ellos no tenían discernimiento espiritual, y por tanto eran ciegos y despreciaban todas
las realidades espirituales.

(ii) Se dejaban contaminar por las únicas cosas que entendían. No entendían más que de los instintos carnales que tenían
en común con las bestias irracionales. Su forma de vida con-
sistía en dejar que esos instintos se salieran con la suya; su
escala de valores era exclusivamente carnal. Judas describe a
hombres que han perdido toda conciencia de las cosas espirituales, y para quienes las cosas que buscan los instintos animales son las únicas que cuentan.

Lo terrible es que la primera condición es el resultado
directo de la segunda. Lo trágico es que no hay nadie que
nazca sin un cierto sentido para las cosas espirituales; pero lo
puede perder hasta tal punto que dejan de existir para él. Uno
puede perder cualquier facultad si se niega a usarla. Eso lo
descubrimos en cosas tan sencillas como los juegos y las
habilidades. Si dejamos de practicar un juego, perdemos la
capacidad de jugarlo. Si abandonamos la práctica de una facultad —como, por ejemplo, tocar el piano—, la perdemos.

Esto lo descubrimos en cosas como las habilidades. Puede que sepamos algo de una lengua extranjera; pero, si nunca la hablamos o leemos, la perdemos. Cualquier persona puede oír la voz de Dios; y cualquier persona tiene los instintos animales de los que depende la supervivencia de la raza. Pero, si se niega insistentemente a escuchar a Dios, y hace que sus instintos sean la única dinámica de su conducta, acabará por no poder oír la voz de Dios, y no le quedarán para guiar su vida nada más que sus deseos brutales. Es terrible que uno llegue a una etapa en la que es sordo para Dios y ciego para la bondad; y esa es la etapa a la que habían llegado los hombres a los que se dirigía Judas.

## LECCIONES DE LA HISTORIA

**Judas 11**

> *¡Ay de ellos, porque van por el camino de Caín! Se lanzan al error de Balaam, y perecen en la oposición a Dios de Coré.*

Judas pasa ahora a la historia hebrea para encontrar paralelos de los hombres malvados de su propio tiempo. Y de ella saca los ejemplos de tres notorios pecadores.

(i) Primero, está Caín, el asesino de su hermano Abel *(Génesis 4:1-15)*. En la tradición hebrea Caín representaba dos cosas. (*a*) Fue el primer asesino de la historia universal; y, como *La Sabiduría de Salomón* decía: «Él mismo pereció en la furia que le movió a matar a su hermano» *(Sabiduría 10:3)*. Bien puede ser que Judas quisiera decir que los que seducen a otros no son sino asesinos de sus almas; y, por tanto, los descendientes espirituales de Caín. (*b*) Pero en la tradición hebrea Caín llegó a representar algo más que eso. Para Filón era el prototipo del egoísmo. En la enseñanza rabínica Caín es el prototipo del cínico. En el *Talmud de Jerusalén* se le representa diciendo: «No existen ni el juicio ni el Juez; no hay otro mundo; ninguna buena recompensa se les dará a los buenos, ni se aplicará castigo a los malvados; ni tampoco hay ninguna piedad en la creación o en el gobierno del mundo.» Para los pensadores hebreos Caín era el incrédulo, cínico, materialista, que no creía ni en Dios ni en el orden moral del mundo; y que, por tanto, hacía exclusivamente lo que quería. Así es que Judas está acusando a sus oponentes de desafiar a Dios y de negar el orden moral del mundo. Continúa siendo verdad que la persona que escoge pecar tiene que habérselas con Dios; y que aprender, siempre con dolor y a veces con tragedia, que nadie puede desafiar impunemente el orden moral del mundo.

(ii) Segundo, está Balaam. En el pensamiento del Antiguo Testamento, en la enseñanza judía, y hasta en el Nuevo Testamento (cp. *Apocalipsis 2:14)* Balaam es el gran ejemplo de los que enseñaron a pecar a Israel. En el Antiguo Testamento hay dos historias acerca de él. Una es bien clara, y vívida y dramática; la otra es más confusa, pero mucho más terrible; y es esta última la que dejó su impronta en el pensamiento y la enseñanza de los judíos.

La primera se encuentra en *Números 22 a 24.* Allí se nos dice que Balac intentó persuadir a Balaam para que maldijera al pueblo de Israel porque temía su poder, ofreciéndole cinco veces grandes recompensas. Balaam se resistió a dejarse convencer por Balac; pero su codicia era lo que descollaba, y está claro que fue solo el miedo a lo que Dios pudiera hacerle lo que le detuvo de hacer un convenio terrible. Balaam descuella como un personaje detestable.

En *Números 25* tenemos la segunda historia. Israel es seducido a dar culto a Baal con terribles y repulsivas consecuencias morales. Más tarde leemos *(Números 31:8,16)* que fue Balaam el responsable de esa seducción, y él mismo pereció miserablemente por haber enseñado a otros a pecar.

De esta historia compuesta surge Balaam como el representante de dos cosas. (*a*) Representa al hombre codicioso que está dispuesto a pecar para obtener algún beneficio material. (*b*) Representa al malvado que es culpable del más grande de los pecados: el de enseñar a otros a pecar. Así es que Judas declara a los malvados de su tiempo que ellos también están dispuestos a abandonar el camino de la integridad por una ganancia material; y que están enseñando a otros a pecar. Pecar para obtener una ganancia material es malo; pero enseñar a otros a pecar es lo peor de todo.

(iii) Tercero, está Coré. Su historia se nos cuenta en *Números 16:1-35*. El pecado de Coré fue que se rebeló contra la dirección de Moisés cuando los hijos de Aarón y la tribu de Leví fueron reconocidos como los sacerdotes de la nación. Esa fue una decisión que Coré no estaba dispuesto a aceptar. Quería ejercer una función a la que no tenía ningún derecho; y cuando lo hizo, pereció trágicamente, juntamente con todos sus compinches. Coré representa al que se niega a aceptar la autoridad, y se lanza a cosas a las que no tiene ningún derecho. Así es que Judas está acusando a sus oponentes de desafiar la autoridad legítima de la Iglesia, y por tanto de preferir su propio camino al de Dios. Debemos recordar que si tomamos ciertas cosas que el orgullo nos incita a tomar, las consecuencias pueden ser desastrosas.

## EL RETRATO DE LOS INICUOS

**Judas 12-16**

*Estas personas son roças ocultas que amenazan hacer zozobrar vuestras Fiestas del Amor. En ellas arman juergas con sus pandillas sin el más mínimo remordimiento. No tienen el menor sentimiento de responsabilidad con nadie más que consigo mismos. Son nubes que no traen ni una gota de lluvia, sino que pasan de largo arrastradas por los vientos. Son árboles sin fruto aun en el tiempo de la cosecha de otoño, muertos por partida*

*doble y desarraigados. Son fieras olas del mar que*
*espumarajean sus propias obras desvergonzadas. Son*
*estrellas errantes a las que esperan para siempre los*
*abismos de la oscuridad. Fue de ellos de los que profetizó*
*Henoc, el séptimo descendiente de Adán, cuando dijo:*
*«¡Fijaos! El Señor ha venido con miríadas de*
*Sus santos para dictar sentencia contra todos y*
*para condenar a todos los impíos por todas sus*
*acciones impías que han cometido impíamente, y*
*por las palabras blasfemas que los pecadores*
*impíos han dicho contra Él.»*
*Estos son quejicas que no hacen más que protestar*
*lastimeramente de todo lo que Dios les ha asignado en*
*la vida. Lo único que gobierna su conducta son sus ca-*
*prichos. No sueltan por la boca nada más que palabras*
*altisonantes. Adulan a la gente para sacar partido.*

Esta es una de las grandes invectivas del Nuevo Testamento,
surgida de una indignación moral al rojo vivo. Como lo expresaba Moffatt: «Se acude a los cielos, a la tierra y al mar para
hacer una descripción del carácter de estos hombres.» Aquí
tenemos una serie de cuadros vívidos, todos con su sentido
particular. Considerémoslos uno a uno.

(i) Son como rocas ocultas que amenazan hacer zozobrar
las Fiestas de Amor de la Iglesia. Este es el único caso en que
hay dudas acerca de lo que Judas quiere decir; pero de una cosa
no hay duda: los malvados son un peligro para las Fiestas del
Amor. La Fiesta del Amor, el *Agapê,* era una de las primeras
características de la Iglesia. Era una comida fraternal que se
tenía el Día del Señor. A ella traía cada uno lo que podía, y
todos participaban. Era una idea preciosa el que los cristianos
de cada grupito casero se sentaran juntos a la mesa el Día del
Señor para comer juntos. Sin duda habría algunos que no
podrían contribuir con mucho, y algunos con nada más que un
poquito. Para muchos de los esclavos sería probablemente la
única comida decente de la semana.

Pero los *Agapês* empezaron a deteriorarse muy pronto. Podemos ver los problemas que se iniciaron en la iglesia de Corinto, porque Pablo declara que en sus Fiestas de Amor no había más que división. Se dividían en grupos y secciones; algunos tenían demasiado, y otros se quedaban con hambre; y la ocasión se había convertido para algunos en una juerga inmoral *(1 Corintios 11: 17-22)*. A menos que el *Agapê* fuera una verdadera fraternidad, era una parodia, y muy pronto empezó a desmentir su nombre.

Los oponentes de Judas estaban convirtiendo las Fiestas del Amor en una parodia. La versión Reina-Valera dice que Judas los llama «manchas en vuestros ágapes» (versículo 12); y eso coincide con el pasaje paralelo de *2 Pedro 2:13:* «inmundicias y manchas.» Hemos traducido la expresión de Judas por «rocas ocultas.»

Lo difícil es que Pedro y Judas no usan la misma palabra, pero sí palabras muy parecidas. La palabra de *2 Pedro* es *spilos,* que quiere decir incuestionablemente *una mancha;* pero la palabra de Judas es *spilás,* que es bastante rara. Puede que quiera decir *una mancha,* porque en griego posterior se podía usar para las manchas o las vetas de una piedra de ópalo; pero en el griego contemporáneo su significado más frecuente era *una roca sumergida,* o *mediosumergida, en la que un barco podía naufragar fácilmente.* Creemos que el segundo significado es aquí el más probable.

En las Fiestas del Amor los miembros de la iglesia estaban muy unidos de corazón, y se daban el beso de la paz. Estos malvados usaban las Fiestas del Amor como ocasión para gratificar su concupiscencia. Es terrible que entren personas a la iglesia y usen las oportunidades que da su comunión para sus propios fines pervertidos. Estas personas eran como rocas ocultas en las que la comunión de las Fiestas del Amor corría peligro de naufragar.

## EL EGOÍSMO DE LOS MALVADOS

**Judas 12-16** (*continuación*)

(ii) Estos malvados arman juergas por grupos y no tienen sentimiento de responsabilidad para con nadie más que consigo mismos. Estas dos cosas van juntas, porque las dos subrayan su egoísmo a ultranza.

(*a*) Arman juergas en sus pandillas sin el menor remordimiento. Esta era exactamente la misma situación que Pablo condenó en *1 Corintios*. La Fiesta del Amor se suponía que era un acto de comunión; y la comunión se demostraba compartiendo todas las cosas. En vez de compartir, los malvados se mantenían apartados en sus grupitos, y guardaban para sí todo lo que tenían. En *1 Corintios* Pablo llega hasta a decir que las Fiestas del Amor se convertían para algunos en borracheras, en las que cada uno se apropiaba de todo lo que podía *(1 Corintios 11:21)*. Ninguna persona que esté en la iglesia para aprovecharse y mantenerse dentro de su grupito puede pretender que se ha enterado de lo que quiere decir ser miembro de la Iglesia.

(*b*) Hemos traducido la frase siguiente: «No tienen sentimiento de responsabilidad para con nadie más que consigo mismos.» El original quiere decir literalmente «pastorearse a sí mismos.» El deber de un responsable de la iglesia es ser un pastor del rebaño de Dios *(Hechos 20:28; 1 Pedro 5:2s)*. El falso pastor se cuidaba mucho más de sí mismo que de las ovejas que se suponía que estaban a su cuidado. Ezequiel describe a los falsos pastores, a los que debían quitarse los privilegios: «"¡Tan cierto como que Yo estoy vivo! —ha dicho el Señor Dios—, que Mi rebaño ha estado expuesto al robo, y Mis ovejas a ser presa de todas las fieras del campo, porque no tenían pastor; porque Mis pastores no buscaron a Mis ovejas, sino que se apacentaron a sí mismos y no apacentaron a Mis ovejas." Por eso, pastores, oíd palabra del Señor. Así ha dicho el Señor Dios: "¡Yo estoy contra los pastores y demandaré Mis ovejas de su mano, y haré que dejen de apacentar Mis ovejas!"» *(Ezequiel 34:8-10)*. El hombre que no siente ninguna responsabilidad por el bienestar de nadie más que el de sí mismo es culpable.

Así es que Judas condena el egoísmo que destruye la comunión, y la falta de sentido de responsabilidad hacia los demás.

(iii) Los malvados son como nubes que el viento arrastra sin que llueva ni una gota, y como árboles en el tiempo de la cosecha que no tienen ningún fruto. Estas dos frases van juntas, porque describen a las personas que pretenden ofrecer grandes cosas pero que son esencialmente inútiles. Había veces en Palestina —como en España— que el pueblo oraba por la lluvia. Algunas veces se podían ver pasar las nubes por el cielo despertando la esperanza de la lluvia, pero no caía ni una gota. Las nubes pasaban volando, y la lluvia no llegaba. En cualquier tiempo de la cosecha había árboles que parecía que estaban cargados de fruta, pero que, cuando los cosechadores se acercaban a ellos no encontraban ni una.

En estos ejemplos se presenta una gran verdad. La promesa sin cumplimiento es inútil, y en el Nuevo Testamento no hay nada que se condene tanto como la inutilidad. Ningún despliegue de alarde externo o de palabras bonitas puede ocupar el lugar de la utilidad para los demás. Como se ha dicho: «Si uno no sirve a nadie, no sirve para nada.»

## EL RESULTADO DE LA DESOBEDIENCIA

**Judas 12-16** *(continuación)*

Judas pasa a hacer una descripción muy gráfica de estos malvados. «Son fieras olas del mar que espumarajean sus propias obras desvergonzadas.» La imagen es la siguiente. Después de una tormenta, cuando las olas han estado azotando la orilla con sus rociadas y espuma, siempre queda en la orilla una cinta de algas y de maderas de todas clases y toda clase de feos desechos del mar. Esa es siempre una escena desagradable; pero en el caso de cierto mar lo es aún más que en ningún otro. Las aguas del mar Muerto pueden ser azotadas formando olas, y estas olas, también, echan desechos a la orilla; pero en este ejemplo se da una circunstancia exclusiva. Las aguas del mar Muerto están tan saturadas de sal que se comen la corteza de todos los troncos, que, cuando son arrojados a la orilla, relucen de puro blancos, más como huesos que como maderos. Las obras de los malvados son como los desechos inútiles y horripilantes que dejan las olas desperdigados sobre la orilla después de una tormenta, y recuerdan las reliquias macabras de las tormentas del mar Muerto. Así retrata Judas vívidamente la fealdad de las acciones de sus oponentes.

Judas usa otra ilustración más. Los malvados son como estrellas errantes que se sumen en un abismo de oscuridad por su desobediencia. Esta es una figura tomada directamente del *Libro de Henoc*. En ese libro se identifican a veces las estrellas con los ángeles; y hay una descripción del destino de las estrellas que, desobedientes a Dios, se apartaron de la órbita que se les había señalado, y fueron destruidas. En su viaje por todo el mundo, Henoc llegó a un lugar donde no vio «ni los cielos por arriba ni la tierra firmemente fundada, sino un lugar caótico y horrible.» Y prosigue: «Y allí vi siete estrellas del cielo que estaban atadas juntas, como grandes montañas, y ardiendo con fuego. Entonces yo dije: "¿Por qué pecado están atadas, y en razón de qué las han arrojado aquí?" Y dijo Uriel, uno de los santos ángeles, que estaba conmigo y que estaba a cargo de aquellas: "Henoc, ¿por qué preguntas y por qué anhelas la verdad? Este es un número de estrellas del cielo que han transgredido el mandamiento del Señor, y están atadas aquí hasta que pasen diez mil años, el tiempo señalado hasta que sus pecados hayan transcurrido."» *(Henoc 21:1-6)*. El destino de las estrellas errantes es característico del de las personas que desobedecen los mandamientos de Dios y, como si dijéramos, siguen su propio camino.

Judas confirma entonces todo esto con una profecía; pero la profecía está tomada también de *Henoc*. El pasaje dice exactamente: «¡Y fijaos! Él viene con miríadas de Sus santos a ejecutar juicio sobre todos, y a destruir a todos los impíos; y a condenar a toda carne por todas las obras impías que han perpetrado impíamente; y por todas las palabras duras que los pecadores impíos han hablado contra Él» *(Henoc 1:9)*.

Esta cita ha suscitado muchas preguntas con respecto a *Judas* y *Henoc*. No cabe duda que en los días de Judas, y en los días de Jesús, *Henoc* era un libro muy popular, que todos los judíos piadosos conocían y leían. Es normal que, cuando los autores del Nuevo Testamento querían confirmar sus palabras, echaran mano de citas del Antiguo Testamento usándolo como la Palabra de Dios. ¿Habremos de considerar *Henoc* como Sagrada Escritura ya que Judas lo usa exactamente como usaría cualquiera de los profetas? O ¿hemos de tomar el punto de vista que menciona Jerónimo, que *Judas* no se puede considerar Escritura porque comete la equivocación de usar como Escritura un libro que no lo es en realidad?

No tenemos por qué gastar tiempo en este debate. El hecho es que Judas, un judío piadoso, conocía y amaba el *Libro de Henoc,* y se había criado en un círculo en el que era considerado con respeto y hasta con reverencia; y lo cita con perfecta naturalidad, sabiendo que sus lectores lo reconocerían y respetarían. En realidad, el canon hebreo del Antiguo Testamento no se cerró hasta finales del siglo I después de Cristo, siendo una de las razones que impulsaron a ello el hecho de que la Iglesia Cristiana usaba como Escritura libros de los judíos de la Diáspora que no se habían escrito o se conservaban en hebreo. Judas hizo en realidad lo mismo que todos los autores del Nuevo Testamento, y que todos los escritores hacen en todas las épocas: se dirigió a su audiencia en el lenguaje que se podía reconocer y entender.

## CARACTERÍSTICAS DE LOS MALVADOS

**Judas 12-16** *(conclusión)*

En el versículo 16 Judas especifica tres últimas características de los malvados.

(i) Son protestones, permanentemente descontentos con la vida que Dios les ha asignado. En este cuadro Judas usa dos palabras, una de las cuales que les sería muy familiar a sus lectores judíos, y la otra, a los griegos.

(*a*) La primera es *gonguystês*. Esta palabra describe las voces descontentas de los murmuradores y es la misma que aparece frecuentemente en la traducción griega del Antiguo Testamento para *las murmuraciones* de los israelitas contra Moisés cuando los guiaba por el desierto (*Éxodo 15:24; 17:3; Números 14:29*). Parece reproducir onomatopéyicamente el susurro de descontento resentido que surgía del pueblo rebelde. Estos malvados del tiempo de Judas eran la contrapartida moderna de los murmuradores israelitas del desierto, personas llenas de quejas malhumoradas contra la mano guiadora de Dios.

(*b*) La segunda es *mempsímoiros*. Está formada por dos palabras griegas: *mémfesthai*, que quiere decir *echar las culpas*, y *moira, la suerte o la vida de uno.* Un *mempsímoiros* era un hombre que estaba siempre quejándose de la vida en general. Teofrasto, el gran maestro en la descripción de personajes, tiene un estudio cómico y burlesco del *mempsímoiros* que vale la pena citar completo:

> *El quejumbroso es el que se pasa de quejarse indebidamente de su suerte en todos los casos. El quejumbroso le dirá al amigo que le trae una porción de su propia mesa: «Esto es una muestra de lo tacaño que eres conmigo, porque no has querido invitarme a comer contigo en persona.» Cuando su amante le está dando un beso, él le dice: «Me pregunto si me estarás besando de corazón, o porque quieres algo de mí.» Está disgustado con*

*Zeus, no porque no le mande la lluvia, sino porque ha tardado algo en mandársela. Cuando se encuentra una cartera en la calle, se pone: «¡Ah! No me encuentro nunca un tesoro que valga la pena.» Cuando ha comprado un esclavo barato después de regatearle el precio al vendedor hasta agotarle, exclama: «¡No será una ganga cuando me lo ha dejado tan barato!» Cuando le dan la buena noticia de que le ha nacido un niño, entonces es que: «Si me dices que esto me va a costar la mitad de mi fortuna me habrás dicho la verdad.» Si gana un pleito mediante un veredicto unánime, está seguro de encontrarle faltas al que ha hecho su defensa por omitir muchas circunstancias que le eran favorables. Y si se ha hecho una suscripción a su favor entre sus amigos, y uno de ellos le dice: «¡Alegra esa cara!,» él le responde: «¿De qué, si se lo voy a tener que devolver a todos y el chollo será para ellos?»*

Aquí, trazado hábilmente por la pluma sutil de Teofrasto, tenemos el retrato de uno de esos que encuentran siempre algo de que quejarse en cada situación. Puede encontrarle alguna pega al mejor de los negocios, al más amable de los gestos, al más redondo de los éxitos, a la buena suerte más voluminosa. «Gran ganancia es la piedad acompañada de contentamiento» *(1 Corintios 6:6);* pero los malvados están siempre descontentos con la vida y con todo lo que Dios les asigna. Hay pocas personas que sean menos populares que el quejica crónico, y los tales harían bien en tener presente que su actitud equivale a un insulto a Dios.

(ii) Judas reitera un detalle de estos malvados, que ya ha señalado una y otra vez: su conducta está gobernada por sus deseos. Para ellos la disciplina y el dominio propio no sirven para nada. Para ellos la ley moral no es más que una carga y un fastidio; el honor y el deber no les incumben; no tienen ningún deseo de servir, ni ningún sentido de responsabilidad; no valoran más que el placer, y su única dinámica es el deseo. Si todo el mundo fuera así, el mundo sería un completo caos.

(iii) Hablan con orgullo y arrogancia, y sin embargo al mismo tiempo están dispuestos a halagar a los grandes si piensan creen que pueden obtener algún beneficio. Es perfectamente posible que una persona sea al mismo tiempo un tipo rimbombante con las personas a las que trata de impresionar, y un adulador halagüeño con las personas que considera importantes. Los oponentes de Judas se ensalzaban a sí mismos y adulaban a los demás según demandara la ocasión; y su progenie se encuentra a veces entre nosotros.

## LAS CARACTERÍSTICAS DEL ERROR (1)

**Judas 17-19**

> *Pero vosotros, queridos hermanos, debéis recordar las palabras que os hablaron en su tiempo los apóstoles de nuestro Señor Jesucristo; debéis recordar que nos dijeron: «En los últimos tiempos habrá burladores, cuya conducta estará gobernada por sus propios deseos impíos.» Estos son los que provocan divisiones —tipos carnales, sin el Espíritu.*

Judas les indica a los suyos que no ha sucedido nada que no estuviera previsto. Los apóstoles les habían advertido que en los últimos tiempos surgirían hombres malvados como los que estaban ya entre ellos. Las palabras que cita Judas no se encuentran en ningún libro del Nuevo Testamento. Puede que esté haciendo una de tres cosas: que esté citando algún libro apostólico que no poseemos; o no de un libro, sino de alguna tradición oral de la predicación apostólica, o de algún sermón que él puede haberles oído a los apóstoles; o que esté dando el sentido general de un pasaje como el de *1 Timoteo 4:1-3*. En cualquier caso, está diciéndoles a los suyos que el error se podía esperar en la Iglesia. De este pasaje podemos deducir algunas de las características de estos malvados.

(i) Se burlan de la bondad, y su conducta está gobernada por sus propios deseos malos. Las dos cosas van juntas. Estos oponentes de Judas tenían dos características, como ya hemos visto. Creían que el cuerpo, por ser materia, era malo; y que, por tanto, no importaba que se saciaran sus deseos. Además, argüían que, puesto que la gracia podía perdonarlo todo, el pecado no importaba. Estos herejes tenían una tercera característica. Creían que eran pensadores avanzados; y consideraban a los que cumplían la ley moral tradicional como anticuados y pasados de moda.

Ese punto de vista no ha muerto ni mucho menos. Sigue habiendo personas que creen que los principios de moralidad y fidelidad tradicionales, especialmente en materia de sexo, están totalmente anticuados. Hay un texto terrible en el Antiguo Testamento: «Dice el necio para sus adentros: "¡Dios no existe!"» *(Salmo 53:1)*. En el original, *necio,* en hebreo *nabal,* no quiere decir una persona ignorante, sino que pasa del tema. Y el hecho de que diga que no existe Dios es debido exclusivamente al deseo de su corazón. Sabe que, si existe Dios, él está equivocado, y le espera el juicio; por tanto, elimina la idea de Dios de su horizonte. En último análisis, los que eliminan la ley moral y dan rienda suelta a sus pasiones y deseos egoístas lo hacen porque quieren vivir a su aire. Escuchan la voz de sus deseos en lugar de escuchar la voz de Dios —y olvidan que vendrá un día cuando no tendrán más remedio que escucharle.

## LAS CARACTERÍSTICAS DEL ERROR (2)

### Judas 17-19 *(conclusión)*

Estos malvados tienen una segunda característica: Provocan divisiones —son carnales, sin el Espíritu. Aquí hay una idea de lo más significativa —provocar divisiones dentro de la Iglesia es siempre un pecado. Estos lo hacen de dos maneras.

(*a*) Como ya hemos visto, hasta en las Fiestas del Amor tenían sus propios grupitos. Con su conducta estaban destruyendo sistemáticamente la comunión dentro de la Iglesia. Estaban trazando un círculo que excluía a los demás en lugar de incluirlos.

(*b*) Pero llegaban más lejos. Había algunos pensadores en la Iglesia Primitiva que tenían una manera de considerar la naturaleza humana que dividía esencialmente a las personas en dos categorías. Para entender esto debemos conocer algo de la psicología griega. Para los griegos, el ser humano se componía de cuerpo *(sôma)*, alma *(psyjê)* y espíritu *(pneuma). Sôma* era sencillamente la constitución física de la persona. *Psyjê* nos es más difícil de entender; para los griegos, el alma *(psyjê)* era sencillamente la vida física; todos los seres vivos, los animales y las plantas, tenían *psyjê. Pneuma, espíritu,* era totalmente diferente; pertenecía exclusivamente al ser humano, y era lo que le hacía una criatura inteligente, semejante a Dios, capaz de hablar con Dios y de escucharle.

Estos pensadores pasaban a argüir que todos los hombres poseían *psyjê,* pero muy pocos poseían realmente *pneuma.* Solamente los verdaderamente intelectuales, la elite, poseían *pneuma;* y por tanto solamente muy pocos podían alcanzar la verdadera religión. El resto tenía que contentarse con moverse en los niveles más bajos de la experiencia religiosa. Ellos por tanto dividían a las personas en dos clases. Estaban los *psyjikoi,* que estaban físicamente vivos pero intelectual y espiritualmente muertos. Los podríamos llamar *carnales.* Todo lo que poseían era la vida de carne y hueso; el progreso intelectual y la experiencia espiritual no estaban a su alcance. Y estaban los *pneumatikoi,* que eran capaces de un conocimiento intelectual real, de un conocimiento real de Dios y de una experiencia espiritual real. Aquí tenemos la base de una aristocracia intelectual y espiritual por encima del rebaño de las personas vulgares y corrientes.

Además, estas personas que se creían *pneumatikoi,* creían que estaban exentas de todas las leyes ordinarias que gobiernan la conducta humana. La gente ordinaria podría ser que tuviera que cumplir los principios aceptados, pero ellos estaban por encima de eso. Para ellos no existía el pecado; eran tan avanzados que podían hacer lo que les diera la gana sin ser por ello peores. Haremos bien en recordar que sigue habiendo personas que creen que están por encima de las leyes, que se dicen para sus adentros que eso no les podría suceder a ellos, y que creen que pueden salirse siempre con la suya.

Ahora podemos ver lo inteligentemente que trata Judas con estas personas que dicen que el resto de la humanidad son los *psyjikoi,* mientras que ellos son los *pneumatikoi.* Judas toma sus palabras y les da la vuelta. «Sois vosotros —les truena— los que sois *psyjikoi,* los dominados por la carne; sois vosotros los que no tenéis *pneuma,* ni conocimiento real ni experiencia de Dios.» Judas les dice a estas personas que, aunque se crean los únicos verdaderamente religiosos, no tienen ni lo más mínimo de tales. Los que ellos desprecian son de hecho mucho mejores que ellos.

La verdad acerca de estos supuestos intelectuales y espirituales era que deseaban pecar, y tergiversaban la religión para convertirla en una licencia para pecar.

## LAS CARACTERÍSTICAS DE LA BONDAD

### Judas 20 y 21

> *Pero vosotros, queridos hermanos, debéis edificaros sobre el fundamento de vuestra santísima fe; debéis orar en el Espíritu Santo; debéis manteneros en el amor de Dios; mientras esperáis la misericordia de nuestro Señor Jesucristo que os llevará a la vida eterna.*

En el pasaje anterior, Judas describió las características del error; en este pasaje pasa a describir las características de la bondad.

(i) El hombre bueno edifica su vida sobre el cimiento de la santísima fe. Es decir: la vida del cristiano está cimentada, no en algo que se ha fabricado por sí mismo, sino en algo que ha recibido. Hay una cadena en la transmisión de la fe. La fe llegó de Jesús a los apóstoles; de los apóstoles, a la Iglesia; y nos llega de la Iglesia a nosotros. Aquí hay algo tremendamente importante. Quiere decir que la fe que sustentamos —o, mejor dicho, que nos sustenta— no es meramente la opinión personal de uno mismo, sino la revelación que vino de Jesucristo y fue conservada y transmitida dentro de la Iglesia, siempre bajo el cuidado y la dirección del Espíritu Santo, de generación en generación.

Esa fe es *una fe santísima.* Una y otra vez hemos visto el significado de la palabra *santo.* El sentido de su raíz es *diferente.* Lo que es *santo* es *diferente* de otras cosas, como el sacerdote es diferente de los demás del pueblo, el Templo es diferente de los otros edificios, el sábado diferente de los otros días, y Dios supremamente diferente de los hombres.

Nuestra fe es diferente en dos sentidos. (*a*) Es diferente de otras fes y de las filosofías en que no es hecha por los hombres, sino dada por Dios; no es opinión, sino revelación; no es suposición, sino certeza. (*b*) Es diferente en que tiene poder para hacer diferentes a los que creen. No es sólo algo que cambia las ideas, sino algo que cambia las vidas; no es simplemente una creencia intelectual, sino también una dinámica moral.

El hombre que es bueno es un hombre de oración. Se ha expresado esto diciendo: «La religión, en el sentido verdadero, quiere decir *dependencia.*» La esencia de la religión es la conciencia de nuestra total dependencia de Dios; y la oración es el reconocimiento de esa dependencia, y el acudir a Dios para recibir la ayuda que necesitamos. Como decía Moffatt en una definición magnífica: «La oración es el amor en necesidad apelando al Amor en poder.» El cristiano debe ser un hombre de oración por lo menos por dos razones. (*a*) Sabe que debe someterlo todo a la voluntad de Dios, y por tanto tiene que presentárselo a Dios para Su aprobación. (*b*) Sabe que por sí mismo no puede hacer nada, pero que con Dios todas las cosas son posibles; y por tanto tiene que estar llevando constantemente su insuficiencia a la suficiencia de Dios.

La oración, dice Judas, ha de ser *en el Espíritu Santo.* Lo que quiere decir es que nuestras oraciones humanas es inevitable que sean, por lo menos a veces, egoístas y ciegas. Solamente cuando el Espíritu Santo toma plena posesión de nosotros nuestros deseos son purificados y nuestras oraciones son correctas. La verdad es que, como cristianos, debemos orar a Dios, pero sólo Él nos puede enseñar cómo y por qué debemos orar.

(iii) El hombre bueno se mantiene en el amor de Dios. En lo que Judas está pensando aquí es en la relación del Antiguo Pacto entre Dios y Su pueblo como se nos describe en *Éxodo 24:1-8.* Dios se dirigió a Su pueblo prometiéndole que sería su Dios y ellos serían Su pueblo; pero esa relación dependería de que ellos aceptaran y obedecieran la Ley que Él les dio. «El amor de Dios —comenta Moffatt— tiene también sus propios términos de comunión.» En cierto sentido es verdad que no podemos salirnos del amor y el cuidado de Dios; pero también es verdad que, si deseamos permanecer en íntima comunión con Dios, debemos ofrecerle el perfecto amor y la perfecta obediencia que van siempre de la mano.

(iv) El hombre bueno espera anhelantemente. Espera la venida de Jesucristo en misericordia, amor y poder; porque sabe que el propósito de Cristo para él es traerle a la vida eterna, que no es otra cosa que la vida de Dios mismo.

## RECLAMANDO A LOS PERDIDOS

*Judas 22 y 23*

> *A algunos de ellos debéis convencerlos de su error para que se aparten mientras están todavía indecisos.*

*A otros debéis rescatarlos arrebatándolos del fuego. De otros debéis tener lástima y temor al mismo tiempo, aborreciendo hasta la ropa que está contaminada por la carne.*

Los distintos traductores dan traducciones diferentes de este pasaje. La razón es que hay muchas dudas en cuanto al verdadero texto griego. Hemos dado la traducción que creemos más próxima al sentido del pasaje.

Hasta con los peores herejes, aun los que se han alejado más en el error, y los que tienen creencias peligrosas, el cristiano tiene la obligación ineludible, no de destruir, sino de salvar. Su propósito debe ser, no desterrarlos de la Iglesia Cristiana, sino conquistarlos para la comunión cristiana. James Denney decía, para presentar el Evangelio de la manera más sencilla posible, que Jesús vino para hacer buenas a las malas personas. Sir John Seeley decía: «Cuando el poder de reclamar a los perdidos desaparece de la Iglesia, es que ha dejado de ser la Iglesia.» Como hemos tomado este pasaje, Judas divide los problemas de la Iglesia en tres clases, cada una de las cuales reclama un enfoque diferente.

(i) Hay algunos que coquetean con la falsedad. Se sienten claramente atraídos por el mal camino, y están a punto de entregarse al error, pero siguen dudando antes de dar el paso decisivo. Hay que sacarlos del error antes que sea demasiado tarde. De aquí se deducen dos obligaciones.

(*a*) Debemos estudiar para poder defender la fe y dar razón de la esperanza que hay en nosotros. Debemos saber lo que creemos para poder enfrentarnos al error con la verdad, y debemos capacitarnos para defender la fe de tal manera que podamos ganar a otros a ella con nuestra simpatía y sinceridad. Para hacerlo debemos desterrar de nuestra actitud toda insinceridad, y toda arrogancia e intolerancia de nuestro contacto con otros.

(*b*) Debemos estar dispuestos a hablar a tiempo. Muchas personas se podrían salvar del error de pensamiento y de acción si se les hablara a tiempo. Algunas veces tenemos reparo de hablar; pero muchas veces el silencio es cobarde, y puede hacer más daño que el que harían las palabras. Una de las grandes tragedias de la vida es cuando alguien nos dice: «Yo no habría llegado a esta terrible situación si alguien —tal vez tú— me hubiera hablado.»

(ii) Hay algunos a los que hay que arrebatar del fuego. Ya han empezado a recorrer el camino del error, y hay que pararlos, digamos, como sea; y aun contra su voluntad. Está muy bien el decir que debemos respetar la libertad de los demás, y que tienen derecho a cometer sus propios errores. Todas estas cosas son ciertas en un sentido, pero hay veces en que hay que salvar a una persona de sí misma aunque sea a la fuerza.

(iii) Hay algunos a los que debemos compadecer y temer al mismo tiempo. Aquí está pensando Judas en algo que es indudablemente cierto. El pecador corre peligro; pero también lo corre el que intente rescatarle. El que trate una enfermedad infecciosa corre peligro de contraerla. Judas dice que debemos aborrecer la ropa contaminada por la carne. Es casi seguro que aquí está pensando en las disposiciones de *Levítico 13:47-52,* donde se establece que la ropa que ha usado una persona que se descubre que sufre de lepra debe quemarse. El viejo dicho sigue siendo cierto: «Debemos amar al pecador, pero aborrecer el pecado.» Antes que una persona pueda rescatar a otras debe estar suficientemente fuerte en la fe. Debe tener los pies bien firmes y seguros en la tierra seca antes de lanzarle el salvavidas al que es probable que arrastre la corriente. Es un hecho que el rescate de los que están en el error no lo puede acometer cualquiera. Los que quieran ganar a otros para Cristo deben estar muy seguros en Él; y los que hayan de librar batalla con la enfermedad del pecado deben tener el fuerte antiséptico de una fe sana. La ignorancia nunca se puede enfrentar con la ignorancia, ni siquiera con un conocimiento parcial; hay que enfrentarla desde la afirmación: «Yo sé en Quién he creído.»

## DOXOLOGÍA FINAL

**Judas 24 y 25**

> A Quien es poderoso para guardaros de toda caída
> y para haceros estar presentes sin mancha delante de
> su gloria llenos de gozo, al Dios único, nuestro Salva-
> dor, por medio de nuestro Señor Jesucristo, sean la
> gloria, la majestad, el dominio y el poder, desde siempre
> y ahora y para siempre. Amén.

Judas llega al final con una tremenda adscripción de alabanza.

Tres veces en el Nuevo Testamento se da alabanza al *Dios Que es poderoso.* En *Romanos 16:25* Pablo da alabanza al Dios que es poderoso para fortalecernos. Dios es la única Persona Que puede dar un fundamento a nuestra vida que nada ni nadie pueda sacudir jamás. En *Efesios 3:20* Pablo da gloria al Dios que es poderoso para hacer mucho más de lo que podamos nunca pedir o ni siquiera soñar. Él es el Dios Cuya gracia nadie ha agotado jamás, y en relación con Quien ninguna expectación puede resultar exagerada.

Aquí ofrece Judas *su* alabanza al Dios que es poderoso.

(i) Dios es poderoso para guardarnos sin caída. La palabra original es *áptaistos.* Se usa lo mismo de un caballo seguro de remos, que no tropieza ni resbala nunca, como de una persona que no cae en el error. «No dará tu pie al resbaladero,» es la manera en que el *Salmo 121* expresa la misma convicción. Caminar con Dios es caminar seguros y a salvo hasta en el sendero más peligroso y resbaladizo. En el montañismo, los escaladores se atan unos a otros para que, si alguno resbala, otro compañero firme pueda resistir su peso y salvarle. De la misma manera, cuando estamos atados con Dios, Él nos mantiene a salvo.

(ii) Dios puede hacernos permanecer intachables en la presencia de Su gloria. La palabra original para intachables es *ámômos*. Este es especialmente un término que se refiere a los sacrificios, y se usa corriente y técnicamente de un animal que no tiene mancha ni defecto, y por tanto puede ofrecerse a Dios. Lo sorprendente es que cuando nos sometemos a Dios, Su gracia puede hacer nuestras vidas nada menos que un sacrificio idóneo para ofrecérselo a Él.

(iii) Él nos puede llevar a Su presencia con un gozo exultante. Lo más natural es pensar en entrar a la presencia de Dios con temor y vergüenza; pero, por la obra de Jesucristo y la gracia de Dios sabemos que podemos acercarnos a Dios con gozo y sin el menor resto de miedo. Por medio de Jesucristo, Dios, el Juez severo, nos es conocido como nuestro Padre amante.

Notemos un último detalle. Solemos asociar la palabra *Salvador* con Jesucristo; pero aquí Judas Se la aplica a Dios. Y no es el único que lo hace, porque a Dios Se le llama Salvador a menudo en el Nuevo Testamento *(Lucas 1:47; 1 Timoteo 1:1; 2:3; 4:10; Tito 1:3; 2:10; 3:4)*. Así es que acabamos con la certeza maravillosa y consoladora de que detrás de todo está el Dios Cuyo nombre es Salvador. El cristiano tiene la gozosa certidumbre de que en este mundo vive en el amor de Dios, y en el por venir va a ese amor. El amor de Dios es al mismo tiempo la atmósfera y la meta de todo nuestro vivir.

## PALABRAS hebreas, griegas y *latinas*

## NOMBRES Y TEMAS QUE APARECEN EN EL TEXTO